지혜로운 사람은 필요한 모든 것이 자기 안에 있음을 알고
나를 변화시키려 한다. 그래서 누구에게 화낼 일도 없다.
반면 어리석은 사람은 남들이 자신에게 친절하기를 기대하고,
그렇지 않으면 화를 낸다. 바람결에 던진 먼지가 자신에게 돌아오듯
불행은 불행을 저지른 이에게 돌아온다.

톨스토이

우리의 운명은 겨울철 과일나무와 같다.
그 나뭇가지에 다시 푸른 잎이 돋아나고 꽃이 필 것 같지 않아도
우리는 그것을 꿈꾸고 그렇게 될 것을 잘 알고 있다.

요한 볼프강 폰 괴테

자신을 아는 일이 가장 어렵고
다른 사람에게 충고하는 일이 가장 쉽다.

탈레스

무수한 사람들 가운데는
나와 뜻을 같이 할 사람들이 한둘은 있을 것이다.
그것으로 충분하다.
바깥 대기를 호흡하는데 들창 문은 하나만으로 족하다.

로맹 롤랑

인생을
결정짓는
내 안의
감정 패턴

인생을 결정짓는 내 안의 감정 패턴

펴낸날 2023년 7월 30일 1판 1쇄

지은이_황시투안
옮긴이_정은지
펴낸이_김영선
편집주간_이교숙
책임교정_정아영
교정교열_나지원, 이라야
경영지원_최은정
디자인_바이텍스트
마케팅_신용천

펴낸곳 (주)다빈치하우스-미디어숲
주소 경기도 고양시 덕양구 청초로 66 덕은리버워크지산 B동 2007호~2009호
전화 (02) 323-7234
팩스 (02) 323-0253
홈페이지 www.mfbook.co.kr
이메일 dhhard@naver.com (원고투고)
출판등록번호 제 2-2767호

값 18,800원
ISBN 979-11-5874-196-9 (03180)

당신도 감정을 다룰 수 있습니다

인생을 결정짓는 내 안의 감정 패턴

황시루안 지음
정은지 옮김

마음의
'안녕'을 위한
감정 수업

내 삶의 패턴 을 바꿔라
10만 명 넘는 수강생의 삶을 바꾼
마음 성장 강의

미디어숲

나답게
행복한 인생으로 나아가라

인생에서 만나는 모든 사람은 나의 거울이다

어떤 하루를 보냈든 원하기만 한다면 우리의 하루는 더 나아 질 수 있다. 이는 지난 22년간 심리 분야에서 일하면서 나를 포함해 많은 사람의 삶이 변화하는 것을 목격하고 나서 생긴 확고한 믿음이다.

'인생 소프트웨어 업그레이드' 과정을 진행하면서 고통 속에서 무기력한 시간을 보내는 사람들을 많이 만났다. 그들은 열심히 하려고 노력할수록 삶에 지쳐 피로감을 느꼈다. 일부는 상대를 잘못 만나 결혼생활이 불행하다며 배우자의 결점을 늘어놨다. 자신의 전부를 주는데도 사랑받지 못한다고 한탄하는 사람도 있었다. 자녀의 미래를 위해 애썼음에도 아이의 이해와 지지를 얻지 못해 행복하고 따뜻해야 할 가정이 어느새 전쟁터가 되어 버린 사례도 있었다. 출가해 절에서 수행하는 스님도 적응을 잘하지 못해 다른 절로 떠돌이 생활을 하는 경우도 있었다. 심지어 절망적이고 고통스러운 인생에 질려 스스로 목숨을 끊고자 하는 사람도 있었다. 그들 대다수가 내게 이런 질문을 했다.

"잘되라고 하는 말인데 왜 상대방은 전혀 듣지 않을까요?"
"제가 이렇게 열심히 사랑하는데 왜 그 사람은 저를 사랑하지 않을까요?"
"그는 왜 저를 못 잡아먹어 안달일까요?"

그들은 항상 모든 것을 남의 탓으로 돌렸다. 그때마다 나는 이렇게 반문했다.
"그 사람이 당신을 이 지경까지 몰아넣은 건가요?"
이 질문을 하는 이유는 심리 상담을 해오며 다음과 같은 규칙을 발견했기 때문이다.

"모든 관계는 나에게 달려 있다."

배우자나 친구, 사업 파트너와의 관계가 불편하게 느껴지는데는 반드시 나의 책임도 있기 마련이다. 한때 평생을 함께하자고 했던 배우자가 지금은 '별 볼 일 없는 남자'가 되고, 순수하고 착했던 아이가 어느새 말을 듣지 않고 말썽을 부리며, 평온했던 동료나 친구와의 관계가 예민하고 까칠하게 간섭하는 관계가 된 이유는 무엇일까? 내가 상대를 이렇게 만들진 않았을까?

인생에서 만나는 모든 사람은 나의 거울이다. 다른 사람을 통해 우리는 자신의 진짜 모습을 보게 된다. 우리가 상대방의 나쁜 면을 보게 되는 것은 숨겨진 자신의 내면을 상대방에게 투사하기 때문이다. 안타깝게도 대부분의 사람은 이를 인식하지 못하고 어둠 속에서 고통스럽게 더듬어가며 힘겹게 살아간다. 그런 모습을 볼 때마다 나는 매우 안타까웠다.

나는 다년간의 경험을 통해 사람에 관한 법칙을 발견하고, 굴곡 없이 편안한 인생을 사는 방법을 배웠다. 이러한 방법은 이미 나의 강의와 심리 상담을 통해 검증되었고 매우 효과적이었다. 아쉽게도 개인적으로 강의하며 만날 수 있는 사람과 상담할 수 있는 사람은 제한되어 있기에, 이 책을 통해 많은 이들이 복잡하게 얽힌 감정과 그 이면의 진실을 밝혀내 자신과 화해하고, 관계를 회복하며, 마음을 옥죄는 굴레에서 벗어나 인생의 아름다움을 누릴 수 있도록 돕고 싶다.

모든 관계는 나에게 달려 있다!

이 말은 심리학의 지당한 명언으로 어떠한 관계에도 적용된다. 내가 상대를 어떻게 대하느냐에 따라 상대방이 나를 대하는 태도가 결정된다. 아이가 말을 듣지 않고, 나약하고, 무책임한 것은 부모가 교육을 잘못하고, 어렸을 때부터 응석을 받아 줬기 때문이다. 친구는 아마도 언제나 주관이 없는 나의 모습으로 인해 습관적으로 나를 무시하게 됐을 것이다. 동료가 나를 존중하지 않고 호구로 여기는 것은, 소심해서 이도 저도 못 하는 모습이 상대에게 이용하기 쉽다는 인상을 주었기 때문일 수 있다.

간단히 말해 우리는 무의식적으로 다른 사람들에게 자신을 어떻게 대하면 되는지 가르쳐 주는 셈이다. 누군가는 상대에게 자신을 존중하라고 가르치고, 누군가는 자신을 어떻게 사랑하면 되는지 알려준다. 하지만 누군가는 자신에게 상처 주는 방법을 가르친다.

어려운 상황 앞에서 불평하는 것은 전혀 도움이 되지 않는다. 그것과 맞서는 것도 오히려 깊은 수렁에 빠지게 만든다. 그럼 어떻게 해야 할까? 우리는 왜 반복해서 곤경에 빠지는 걸까? 그건 바로 익숙한 삶의 패턴과 연관이 있다.

'삶의 패턴'이란 소위 말하는 '성격' 또는 '습관'으로, 그 뒤에는 한 사람의 신념이 깔려 있다. 신념은 사람의 행동을 결정하고 행동은 결과로 이어진다. 오늘 마주한 고통은 과거의 행동이 가져온 결과이며, 우리가 가진 신념에 의해 결정된 것이다. 내면의 번뇌, 혼란, 실망 그리고 피로 등은 모두 신념과 관련이 있다.

나는 사람의 운명을 결정짓는 신념을 '인생 소프트웨어'라고 부른다. 만약 이 소프트웨어가 바뀌지 않는다면 삶은 계속해서 과거의 패턴을 그대로 반복할 것이다.

나의 내면에 있는 패턴을 인식하라

우리의 삶이 행복할지 고통스러울지, 강할지 나약할지, 긍정적일지 비관적일지, 희망이 가득할지 절망적일지는 모두 우리 내면의 '인생 소프트웨어'의 차이에서 결정된다.

인생은 결국 내면의 소프트웨어가 밖으로 드러나는 것으로, '인생 소프트웨어'가 사람의 일생을 결정짓는다. 이 소프트웨어가 바뀌기만 한다면 연애, 결혼, 가정생활 그리고 사업 등 인생의 다방면에 좋은 영향을 미친다. 그렇기에 새로운 내가 되기 위해 해야 할 첫 번째 단계는 자신의 내면에 있는 패턴을 인식하는 것이다. 이것을 인식한 다음에야 우리는 새롭게 남은 인생을 살아갈 수 있다.

'인생 소프트웨어 업그레이드' 과정에서 나는 다양한 삶의 난제와 어려움에 직면한 사람들을 만났다. 내가 하는 일은 사람들에게 사건의 이면에 있는 진실을 보여 주는 것이다. 그들은 어려움 이면의 패턴을 발견하고 나서 새로운 삶을 찾았고 그로 인해 답답한 삶이 개선되었다.

이 책에는 심도 있게 분석한 다양한 사례들이 담겨 있다. 이를 통해 많은 사람이 내담자의 삶의 패턴과 자신의 삶을 비교해 보며 그들의 삶이 무엇을 통해 어떤 변화를 겪게 되는지 알아보기를 바란다.

인생의 고통은 천차만별일 수 있지만, 내재한 패턴은 비관적 모드, 내적 소모 모드, 고통 모드, 바쁜 척 모드, 안하무인 모드, 비난 모드, 피해자 모드, 조종 모드, 공포 모드, 걱정 모드 등으로 비슷비슷하다. 이런 생생한 사례에서 우리는 어쩌면 자신의 그림자를 볼 수도 있고, 자신이 어떤 모드로 움직이고 있는지 깨닫게 될 것이다.

사람은 자신의 패턴을 본 뒤에야 자연스럽게 변화될 수 있다. 이 과정을 나는 '인생 소프트웨어 업그레이드'라고 부른다. 내 자신이 이미 걸어본 길이기에 나는 과거의 나처럼 말할 수 없는 고통을 겪고 있는 수많은 사람에게 간절한 도움이 필요하다는 걸 잘 알고 있다. 이 책을 통해 각자의 삶이 더 아름다워지길 간절히 바란다.

인생은 모두 비할 수 없이 아름다워질 수 있다. 핵심은 우리가 자기 삶의 패턴을 인식하고, 더 나은 삶을 위해 끝없이 노력할 수 있다는 데 있다. 뜻대로 되지 않는 인생과 불공평한 운명을 불평할 때면, 스스로에게 이런 질문을 해 보자.

'나는 어쩌다가 지금 이 길을 걷게 되었나?'
'내 안의 어떤 패턴 때문에 세상이 나를 힘들게 하는가?'

그런 다음 책을 펼쳐 보자. 어쩌면 이 책에서 각자가 원하는 답을 찾을 수 있을 것이다. 끝으로 모두가 기쁘고 달콤하고 만족스러운 인생을 살기를 바란다!

훙시투안

차례

1장

내 안의 감정 패턴 인식하기:
왜 나는 늘 짜증나는 일만 생길까?

내 안의
감정 패턴 인식하기:

왜 나는 늘
짜증나는 일만 생길까?

밤과 낮은 계속 바뀌고, 햇볕이 들면 그늘이 생기고,
즐거움이 있으면 슬픔도 있기 마련이다.
자기 자신에게 여러 감정을 느낄 수 있도록 허락하는 사람이야말로
진정으로 건강한 사람이다.

더 나은 삶을 위한
'LOVER' 원칙

'내려놓음'에 대한 오해

멘토로 활동하는 친구가 있다. 그녀는 박학다식하고 강의도 잘하는 다재다능한 친구다. 그런데 이상하게도 그녀에게 강의를 요청하는 사람이 극히 드물었다. 그녀를 잘 아는 지인에 의하면 그녀는 주변 사람들에게 돈을 빌려서 끼니를 때웠다고 한다. 아무리 친한 친구라도 그녀를 감당할 수 없을 정도였다. 경력 있고 재능 있는 그녀가 밥을 먹기 위해 돈을 빌리다니 이해할 수가 없었다. 나는 그녀를 돕고 싶어서 왜 자발적으로 강의를 개척하지 않는지 물어보았다.

나의 물음에 그녀가 무슨 대답을 했을지 짐작이 가는가? 그녀는 이렇게 대답했다.

"꽃이 향기로우면 나비가 저절로 날아오기 마련이잖아요. 그런데 왜 굽신거리며 나를 알려야 하죠?"

주변에 이런 사람이 한두 명쯤 있을 것이다. 그들은 언제나 자신이 처한 상황에 대해 변명한다. 그리고 이유도 충분해서 뭐라 대꾸할 말이 없다. 책을 많이 읽고 해박한 사람일수록 이유는 더욱 무궁무진하다. 어쩌면 그들은 자신이 그럴 수밖에 없다는 것을 증명하기 위해 책을 많이 읽는지도 모를 일이다.

사람들은 항상 자신이 옳다는 것을 증명하려고 노력한다. 몇년 전 회사에서 신입사원을 뽑는데, 배움에 대한 열정이 무척 높은 사람이 지원을 했다. 책을 두루 읽어 심리학부터 불경까지 모르는 것이 없었다. 처음에 우리는 모두 그를 매우 좋게 봤으나 1년이 지나도록 그는 여전히 아무런 실적이 없었다. 결국 그의 직속 상사가 해고를 고려하게 되었다. 나는 안타까운 마음에 그 신입사원을 찾아가 얘기를 나눠보았다. 그런데 그의 말을 듣고 나는 할 말을 잃었다.

"대표님이나 저나 모두 부처의 가르침을 따르는 사람이지 않습니까? 실적에 집착할 이유는 하나도 없지요. 얼마나 버느냐에 대해서는 일찌감치 마음을 내려놨습니다."

나는 젊은 그를 그저 바라볼 수밖에 없었다. 그의 발언은 그야말로 부처의 가르침에 대한 일종의 모독이었다.

공부하는 걸 좋아하는 나는 교육계에서 20년간 몸담으며 세계 각지를 돌아다녔다. 세계 곳곳을 다니다 보면 경험하며 체득할 것들이 무궁무진하기 때문이다. 하지만 인도에는 갈 엄두를 내지 못했다. 내가 아는 여러 친구가 인도에서 돌아오면 사업을 접고, 젊은 나이에 '세속'을 떠나 이전에 벌어 놓은 돈만 까먹으며 생활하는 것을 보았기 때문이다. 더군다나 사지 멀쩡한데도 가족에게 의존하며 마치 어딘가 병든 사람처럼 살면서 이를 '내려놓음'이라고 명명한다. 나는 아무래도 인도에는 '속세 음식과의 단절'을 가르치는 과정이 있는 게 아닌가 의심이 들 정도였다. 그러던 내가 쉰 살이 되던 해 용기를 내 인도를 방문할 일이 생겼다. 그곳을 다녀와 느낀 것은 몇몇 사람들은 수행을 빌미 삼아 도피할 명분으로 인도를 찾는다는 것이었다.

과거와 현재의 자신을 기쁘게 받아들여라

주위를 돌아보면 현실에 안주하며 자신이 옳다는 것을 증명하는 데 거의 모든 힘을 쏟는 사람이 많다는 걸 알게 된다. 물론 자신을 받아들이는 것과 만족하며 기뻐하는 것이 나쁜 것은 아니다. 이 두 가지 모두 수행자가 기본적으로 갖춰야 할 태도이다. 그저 몇몇 사람들이 이를 현실에 안주하는 이유로 핑계를 대는 것이 안타까울 뿐이다. 그러면 우리는 어떻게 진정으로 '자신을 받아들이고 만족하며 기뻐할 수' 있을까?

우선 '받아들임'은 '수용'하는 것과 다르고, '만족'은 현실에 '안주'하는 것을 의미하지 않는다는 것을 알아야 한다. 받아들인다는 것은 시간 프레임이 있는 것으로, 과거와 현재의 자신을 관용하고 기쁘게 받아들인다는 의미다. 미래에 대해 개방적인 자세를 갖고, 앞으로 더 나아질 수 있다고 믿고 노력하는 것이다.

받아들이는 대상은 사람이며, 과거의 내가 어떻든 상관없이 아무것도 되지 않더라도 나를 받아들이며 좋아하고, 스스로 더 나아지기 위해 쏟은 노력을 높게 평가하는 것이다. 그러나 받아들이는 대상이 '일'이라면 결과가 좋지 못했던 행동에 대해서 끊임없이 수정하고 개선하며 발전시킨다.

또한 만족할 줄 아는 것은 지금 내가 가진 모든 것에 감사하고, 자신에게 주어진 모든 자원을 누리고, 그 가치를 드러낼 수 있게 하는 것이다. 만족할 줄 아는 것은 현실에 안주하는 것도 아니고, 그렇다고 과거에 스스로를 가두고 그 자리에 멈추는 것도 아니다. 오히려 미래에 대한 희망을 품고 적극적이고 주체적으로 살아가는 삶의 자세를 말한다. 반면 현실에 안주하는 태도는 현재의 것에만 만족하고 진취적인 것에 대해 생각하지 않으며 지금 있는 곳에 멈춰서는 수동적인 삶의 자세이다.

지금 가지고 있는 모든 것이 나의 기초이고, 내 삶의 터전이기 때문에 그것을 부정하고 거부하는 것이 아니라 받아들이고 감사해야 한다. 감사하는 마음으로 지금 주어진 모든 것을 소중히 여겨야 비로소 자신의 영역을 넓히고 인생을 더욱 아름답게 만들 수 있다.

더 나은 인생을 위한 'LOVER' 원칙

"하나님, 제게 바꿀 수 없는 것은 인정하는 '평정심'을 주십시오.
제게 바꿀 수 있는 것을 바꿀 수 있는 '용기'를 주세요.
제게 이 둘을 분별할 수 있는 '지혜'를 주세요."

이 문구는 무척 유명한 기도문이다. 우리는 무엇을 바꿀 수 있고, 또 무엇을 바꿀 수 없는가? 그리고 이것을 어떻게 분별할 것인가? 내가 보기에 이것은 사실 구분할 필요가 없다. 현존하는 모든 것이 과거에 우리가 만들 수 있었던 최고의 성과이기 때문이다. 그러나 세상은 변하고 사람도 변한다는 것을 기억하라. 우리는 미래에 대해 열린 자세를 갖고 변화의 눈으로 바라봐야 한다. 무슨 일이 있어도 나의 스승이었던 장궈웨이 박사가 제시한 러버LOVER 원칙에 부합한다면 굳이 바꿀 필요 없이 시간이 흐를수록 자연스레 더 나은 인생을 살게 된다는 점을 알게 될 것이다.

LOVER 원칙은 다섯 개의 영문 단어 이니셜로 구성되어 있다.

- **Learning(배움):** 성공을 하든 실패를 하든, 배우겠다는 마음가짐만 있으면 모든 것에서 무언가를 배울 수 있다. 배우겠다는 자세를 유지할 때, 자연히 더 나은 자신을 만나게 될 것이다.

- **Outcomes(결과):** 목표가 없는 배 한 척에는 바다에서 어떤 바람이 불어도 순풍이 아니다. 하지만 자신이 도달할 목적지를 정확히 알고 방향을 설정하면 어떤 바람이 불어도 자연스레 돛을 조정할 수 있고, 사방에서 불어오는 바람이 힘을 실어 줄 것이다.

- **Value(가치):** 모든 행동 뒤에는 긍정적인 동기가 있고, 일어나는 모든 일 이면에는 자신의 가치가 있다. 앞에 놓인 돌이 걸림돌인가 아니면 징검다리인가? 그것은 자신이 돌을 어디에 두는지, 어떻게 사용하는지에 달려 있다. 마음이 있는 곳에 에너지는 따라오기 마련이다. 마음속에 자신만의 가치가 있는 한, 모든 것이 품고 있는 가치를 발견할 수 있을 것이다.

- **Ecology(생태, 균형):** 어떤 일이라도 반드시 내가 좋고, 상대방이 좋고, 모두가 전체적으로 좋은, 균형 잡힌 상태에서만 장기적으로 발전할 수 있다. 어느 한쪽의 이익이 고려되지 않는다면 반드시 저항이나 공격 또는 파괴를 불러온다. 자연의 보이지 않는 힘이 모든 것을 균형 상태로 되돌리려 하기 때문이다.

- **Responsibility(책임):** 사람들은 항상 타인이나 환경을 탓하며 일생을 수동적인 자세로 살아간다. 인생을 스스로 책임지려는 순간, 그는 이미 인생의 주도권을 찾아온 것이고, 점점 더 성숙해져서 자연스레 성장하는 삶을 살게 된다.

미래를 마주할 때 우리가 이 다섯 가지 원칙을 지키며 살 수 있다면, 나는 바꿀 수 있는 것들이 자연스레 점점 더 좋아질 것이라고 믿는다. 그리고 잠시 변할 수 없는 것들은 우리가 그것을 받아들이고 미래의 가능성을 열어놓는 한, 언젠가 우리에게 의외의 놀라움을 안겨 줄 것이다. 그렇다면 무엇이 변할 수 있고 변할 수 없는지를 분별하는 일은 더이상 무의미하게 된다. 그러므로 하나님에게 지혜를 달라고 기도하기보다 '러버LOVER'를 갖추어라. 자신이 이렇게밖에 살 수 없다는 것을 증명하는 데 가진 것들을 사용하기보다 그것들을 이용해 인생을 확장하라!

철창 속에서도
자유로워지는 여유

자유를 위해 결혼도 직장생활도 거부하는 사람들

한 수강생과 이야기를 나누던 중 나는 그녀가 경영에 재능이 있다는 것을 알게 되었다. 하지만 그녀의 꿈은 강사였다. 나는 그녀에게 왜 경영자가 아닌 강사가 되려고 하는지 물었다.

"저는 자유로운 걸 좋아하고 통제당하는 것을 싫어합니다. 회사에는 여러 규칙이 있을 텐데, 강사가 되면 하고 싶은 것을 하고, 하기 싫은 건 안 하면 되니 얼마나 자유롭습니까!"

그녀의 말을 들으니 몇 년 전 한 회사에 파견받아 교육을 받고 돌아온 직원 두 명이 퇴사했던 일이 떠올랐다. 퇴사 이유는 강의를 듣던 그녀와 비슷했다. 자유를 찾고 싶어 족쇄와 같은 회사 생활을 떠나 프리랜서가 되려고 한다는 것이다. 이런 현상은 심리 훈련 업계에 특히 많다. 이런 이유로 강사가 되길 선택하는 예도 적지 않다.

'인생 소프트웨어 업그레이드' 수업에서 나는 결혼 문제로 마흔 가까이 된 여성과 상담을 한 적이 있었다. 그녀는 가정과 사회에서 결혼에 대한 압박을 받아 머리로는 결혼해야겠다고 생각하지만, 잠재의식 속에서는 결혼에 대해 매우 큰 저항심을 느끼고 있었다. 결혼을 일종의 '구속'으로 여기며, 통제당하고 싶지 않아 했다. 그래서 의식과 잠재의식 사이에서 끊임없이 갈등하고 있었다.

점점 더 많은 젊은이가 '자유'를 잃는 것이 두렵다는 이유로 결혼을 거부한다. 또 구속받는 직장생활이 지겨워 취직을 하는 대신 창업을 선택하기도 한다. 창업을 할 때마저 남들과 동업하는 것 역시 얽매이는 일 같아 차라리 혼자 헤쳐나가려 한다. 이런 논리라면 결혼하면 자유를 잃게 되고, 일하면 자유가 없어지고, 협업해도 묶여 버리는 것이다. 설마 이들은 자유를 단지 자기가 하고 싶은 대로 하는 것이라고 생각하는 것일까?

여기까지 생각하다 나는 『죽음의 수용소에서』를 쓴 빅터 프랭

클$^{Viktor Frankl}$의 관점이 떠올랐다. 그는 로고테라피^{logotherapy}를 주창한 유대계 정신과 의사이다. 그는 이렇게 말했다.

"매일 죽음과 마주해야 하는 나치 수용소에서도 나는 자유로웠다. 나는 매 순간 선택할 수 있었기 때문이다. 외부 상황은 선택할 수 없다 해도, 나는 어떤 태도로 그것을 마주할지는 선택할 수 있었다."

왜 어떤 사람은 결혼하거나 협업하면 자유가 없어진다고 생각할까? 반대로 어떤 사람은 사면초가의 상황에서도, 고개를 들면 철창만 보이는 수용소에서도 마음은 무엇보다 자유로울 수 있을까? 도대체 자유란 무엇인가? 우리는 어떻게 자유를 얻을 수 있을까?

자유를 추구하다가 자유를 잃지 마라

먼저 자유의 개념부터 살펴보자. 자유란 인간이 스스로 자신을 통제할 수 있고 자유의지에 따라 행동하며, 자신의 행동을 책임질 수 있다는 것이다. 사람들이 일반적으로 말하는 자유란 이 정의의 앞부분만 담고 있다. 뒷부분은 등한시하거나 피하려

한다.

누군가가 구속당하지 않기 위해 자유의지에 맡기고 행동할 때, 그는 정말 진정한 자유를 얻을 수 있을까? 빨간불에는 멈춰야 하고 파란불에 지나가야 한다고 알려 주는 사거리의 신호등을 보자. 이것은 교통규칙이다. 이 규칙은 우리에게 빨간불이 켜지면 멈춰야 한다고 알려 준다. 외견상 이것은 우리의 자유를 제한한다. 그러나 정말 그럴까? 혼잡한 사거리에 신호등이 없다면 어떨까? 신호등이 없어 사거리가 막혔을 때야 비로소 자유가 무엇인지를 제대로 이해하게 될 것이다.

자유를 추구하다 자유를 잃는 사례가 비일비재하고, 우리는 남들이 추구하는 자유의 피해자로 전락하기 일쑤다. 주말마다 나는 집에서 3.5킬로미터 떨어진 학교에 아이를 데리러 간다. 이렇게 가까운 거리는 원래 20분이면 충분히 갈 수 있다. 하지만 나는 항상 1~2시간 걸려 학교에 도착한다. 학교 앞 도로는 일방통행인데, '자유'를 추구하는 학부모들이 늘 규칙을 깨고 역주행하다 보니 교통경찰도 어찌할 수 없을 정도로 꽉 막히는 것이다. 2천여 명의 학부모들이 꽉 막힌 도로에서 아까운 시간을 버리게 되는 것이다.

실제 자신을 가로막는 것은 내면의 한계다

많은 사람이 '자유'와 '규칙'을 모순된다고 여기고, 규칙이 있으면 자유를 잃게 된다고 생각한다. 하지만 실제는 이와 반대다. 규칙이야말로 자유를 보증하는 것이며, 규칙 없이는 자유가 없다.

싱가포르는 침을 뱉고 오물을 버리는 사소한 일까지 엄격하게 처벌하는 것으로 유명하다. 외견상으로는 이런 고문이 두려움을 자아내지만, 나는 싱가포르에서 지내는 며칠 동안 매우 자유롭다고 느꼈다. 사람들로 붐비는 거리를 걸어도 매우 편안하고 쾌적하게 느껴졌다. 이 나라에서는 모든 사람이 매우 자율적이며, 그들의 자율성 때문에 아무도 나의 자유를 방해하지 않는다는 것을 알았기 때문이다.

진정한 자유는 '자율'에 근거한다. 이것이 자유라는 개념의 후반부가 말하는 '자신의 행동에 책임을 지다'가 표현하려는 의미다. 우리가 자유를 추구할 때 다른 사람의 자유에 영향을 주면 다른 사람도 우리를 자유롭지 못하게 할 것이다. 그래서 진정한 자유는 모두의 자유에 바탕을 둔다. 규칙은 단지 우리가 다른 사람이 자유를 추구한다고 해서 자유를 잃지 않을 것을 보장하는 것이다. 그렇기에 자율 없이는 자유도 논할 수 없다.

그러면 어떻게 자율성을 가질 수 있는가? 자율은 '자각自覺'에서 시작된다. 자각이란 '자신을 다른 각도에서 보는 것'이다. 자신을 다른 시선으로 볼 수 있으면 자각하게 되고, 자각할 줄 알면 자율성을 갖고, 자율이 있으면 자기 행동에 책임을 진다. 그리고 자기 행동에 책임질 수 있으면 남에게 영향을 주거나 피해를 주지 않고, 남에게 피해 주거나 영향을 주지 않으면 스스로도 구속받지 않는다. 나를 구속할 사람이 없다면 우리는 마음껏 자유를 누릴 수 있다.

신경 언어 프로그램인 NLP^{Neuro Linguistic Programing} 이론은 신경 언어 프로그래밍으로 이론적 접근보다 행동과 말하기 방법을 실천하게 해 뇌의 변화를 일으키는 기법을 말한다.

이론에는 다른 위치에서 자신을 감지할 수 있도록 하는 '위치 감지법'이 있다. 가장 기본적인 세 가지 위치는 1.자신의 입장, 자신의 위치 2.상대방의 입장, 상대방의 위치 3. 대중의 입장, 떨어진 중립적 위치이다. 이 세 자리에서 자신을 바라볼 수 있는 것이 바로 '자각'이다.

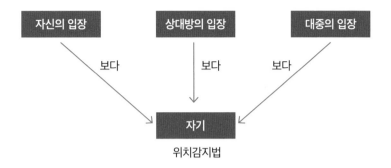

위치감지법

자각을 경험하게 되면 자신의 모든 행동 이면에 자신이 져야 할 '책임'을 보고 다른 선택을 하게 된다. 선택할 수 있다는 것은 자유롭다는 것을 의미한다. 따라서 자유를 원한다고 결혼을 회피할 필요가 없고, 협력을 거부할 필요가 없다. 깊은 산속으로 숨어들 필요가 없고, 혼자 있을 필요도 없다. 스스로 자각할 수 있고 자율성을 갖는다면 다른 사람을 볼 수 있게 되는 것이다. 자각과 자율이 본능적인 습관으로 바뀌면 우리는 그 즐거움을 누리게 될 것이다.

반대로 만약 자각하지 못한다면 우리 눈에는 다른 사람은 없고 자기 자신만 보일 것이다. 자신의 자유에 대한 욕구를 만족시키기 위해서 제멋대로 생활하고, 하고 싶은 것을 다 하려 할 것이다. 설령 깊은 산골로 도피한다고 할지라도, 법률과 규칙의 구속을 피할 수 있다 하더라도, 여전히 자유를 실현할 수 없다. 왜냐하면 우리를 진정으로 구속하는 것은 결코 외적인 규칙이 아니라, 자기 내면의 한계이기 때문이다.

　나는 유리창이 창틀의 속박에서 벗어나려고 노력하는 우화를 읽은 적이 있다. 그러던 어느 날 마침내 유리창은 자신이 뜻하는 바를 이루었지만, 창틀을 벗어나자마자 바닥에 떨어져 와르르 산산조각이 났다. 만약 '자율'이 없다면 우리도 이 유리창의 신세와 다를 바가 없을 것이다.

통제와 조종을 구분하라

　자유를 추구하는 것은 인간의 본능이다. 그리고 수십 세기 동안 인간은 자유를 얻고자 많은 세월 투쟁해왔다. 그러나 현명한 인간은 평화롭게 공존하며 안전하고 만족스러운 삶을 살기 위해 다양한 규칙을 만들어왔다. 신변의 안전을 위해 인류는 법률을 만들었다. 교통안전을 위해 교통규칙을 세웠으며, 다음 세대를 건강하게 이어가기 위해 혼인제도를, 물건의 유통을 위해 화폐제도를, 회사의 발전을 위해 회사의 조직관리제도 등을 만들었다. 이 규칙들은 인간의 삶을 보장하면서 개인의 자유를 일정 부분 제한한다. 그러자 적지 않은 사람들이 규칙의 혜택을 누리는 동시에 그것과 투쟁하며 살아간다. 안전한 인생을 달가워하지 않고 떨떠름해하며 '어쩔 수 없는' 모순의 상태로 살아가는 것이다.

맑은 물과 청량한 산속에서 바람 소리를 들으며 마음껏 풀어지는 구속 없는 세계, 심기일전하는 일 없이 시시비비를 멀리하는 완전히 자유로운 세상은 생각만 해도 좋다. 그러나 과연 이처럼 완전히 자유로운 세계가 존재할까? 지금까지 살아오면서 나는 그런 세상을 단 한 번도 본 적이 없다.

그럼 자유를 추구하는 본능을 가진 우리는 어떻게 해야 할까? 규칙의 혜택을 누리면서 끝까지 싸워야 하는 '불가피한' 갈등과 억압 속에서 살아야 할까? 이 상태에서 빠져나올 수 있는 방법은 없을까? 만약 우리가 '통제'와 '조종'이 다르다는 것을 가려낼 수 있다면 이런 인생의 갈등을 해결하는 데 도움이 될지도 모른다.

'통제'란 상대를 장악해 어떤 범위에서 벗어나서 마음대로 움직이지 못하게 하는 것을 말한다. 인간관계에서 통제는 좋은 통제와 나쁜 통제로 나눌 수 있다. 대중의 이익을 위해 만들어진 법률, 법규, 제도는 개인이 규정된 범위를 넘지 않도록 하여 사람들이 약속된 질서 안에서 살아갈 수 있도록 하는 좋은 통제이다.

예를 들어 길목에 신호등이 설치된 것은 보행자와 운전자의 생명과 안전을 보장하고 교통질서를 원활하게 하기 위해서다. 누군가가 교통규칙을 위반했을 때, 교통법 집행인이 그것에 대해 통제를 가하고 처리해야 한다.

만약 한 개인이 상대방을 자기 뜻대로 행동하게 만들기 위해 힘을 쓴다면 이런 통제는 나쁜 통제로, '조종'이라고 부르는 것이 더 정확하다. 부모의 뜻대로 자녀에게 전공, 직장, 심지어 배우자를 선택하라고 강요하는 것, 배우자 간에 한쪽이 원치 않는 일을 강요하는 것이 그 예다. 이것은 인간관계를 심각하게 파괴하고 조종하는 사람과 조종당하는 양쪽 모두를 고통스럽게 하는 전형적인 조종이다.

좋은 통제는 삶의 질을 보장하고 나쁜 통제, 즉 조종은 사람을 고통스럽게 만든다. 일반적인 상황에서 이 두 가지 통제는 헷갈리기 쉬워 사람들은 '통제'라는 말을 들으면 겁부터 내며 바로 조종을 연상한다. 이런 이유로 아무도 통제를 원하지 않는 것이다.

그러나 나는 그 어떤 누구도 안전이 전혀 보장되지 않은 세상에 살고 싶어 하지 않는다는 걸 안다. 많은 사람이 여전히 대중의 이익과 안전을 보장하는 제도에서 살고 싶어 한다. 그들은 그저 조종당하길 원치 않을 뿐이다.

어디로 도망가든 인생에는 규칙이 있기 마련이다

통제와 조종을 명확히 구분하면 우리는 갈등 상황에서 벗어날 수 있다. 만약 관리자의 통제가 자신의 뜻이 아니라 회사의 규율이라면, 관리자에 의해 준수되는 규칙이 모두에게 동일하게 적용되는 것이고, 회사의 더 나은 발전을 보장하기 위해서라면, 직원들은 조종당한다는 느낌을 받지 않을 것이고 회사를 떠나지 않을 것이다. 부모, 나, 학교가 개인의 뜻을 이루기 위해서가 아니라, 아이의 안전을 보장하고 건강하게 자랄 수 있도록 아이들을 통제한다면 아이는 반항할 필요가 없다. 배우자 간의 통제가 쌍방이 약속한 규칙일 뿐이고, 더 행복한 결혼생활을 보장하기 위한 것이지, 개인의 의사에 따라 조종하는 것이 아니라면 누가 결혼에서 벗어나려고 하겠는가.

통제와 조종이 명백히 구분되는데도 규칙적인 통제를 받지 않으려 한다면 우리는 그를 안하무인이라 칭할 수밖에 없다. 사실 이런 사람들은 사회적으로 비일비재하다. 그들은 교통법규를 어기고, 타인의 생명을 신경 쓰지 않는다. 그들은 법을 어기는 것을 자랑처럼 여기며, 무법자 마인드로 살아간다. 그들은 회사의 규제를 무시하고 회사의 이익을 무시한다. 결혼생활에 충실하지 않고 바람을 피우며, 배우자를 전혀 안중에 두지 않는다. 윤리를 무시해 윗사람을 존중하지 않는다. 가정은 그들의 존재로 인해 차갑고 생기가 없으며 붕괴될 위험에까지 놓인다.

사람들은 왜 좋은 통제도 받아들이기 싫어하는 것일까? 제도와 규칙을 파괴하는 사람들은 선천적인 악인들인 걸까? 심리학에서 사람은 선과 악으로 나눌 수 없고, 단지 좋은 행동이나 나쁜 행동만 있다고 한다. 그들이 이런 행동을 하게 된 데는 여러가지 이유가 있겠지만, 그중 가장 중요한 원인은 성장 과정에서, 특히 '자아' 형성 단계에서 주변 사람들에게 조종을 당했기 때문일 수도 있다. 조종은 사람으로 하여금 자아를 상실하게 한다. 조종에서 벗어나기 위해 사람들은 조종자와 싸우게 되는데, 이 과정 중에 어떤 사람은 무기력해져 포기하게 되고, 이때부터 마치 삶의 의지를 잃은 사람처럼 꼭두각시로 바뀌어 무기력한 삶을 살게 된다. 반면 또 다른 사람은 끝까지 싸워 싸움을 일종의 습관으로 삼기도 한다.

자유를 추구하는 것이 잘못된 일은 아니다. 하지만 '자유'라는 이름으로 통제와 싸울 때, 내가 싸우는 것이 '좋은 통제'인지 '나쁜 조종'인지 구분해 볼 필요가 있다. 자유를 위해 우리의 삶의 질을 보장해 주는 제도를 무시한다면 그것은 성장하면서 몸에 밴 습관이거나 스트레스를 피하기 위한 것일지도 모른다. 회사에는 회사의 규칙이 있고, 사회에는 사회의 규칙이 있다. 어디로 도망치든지 간에 우리는 항상 어떤 규칙의 통제 속에서 살아가게 된다. 보다 안전하고 편안한 인생을 원한다면 도망치기보다는 규칙에 순응하며 그것과 동행하는 편을 택하라.

부정과 긍정의 감정
모두 쓸모가 있다

참을 '인' 자 셋이면 살인도 면한다?

인생 상담을 하면서 아이의 지능지수보다 감성지수를 더 중요하게 생각하는 엄마를 알게 되었다. 아이를 가르칠 때도 주로 감성지수 위주의 교육을 한다고 했다. 그런데 그 엄마가 이해하는 감성지수는 진정한 의미의 감성지수가 아니었다.

그녀는 책을 많이 읽히고 야외에서 자연을 즐기며 어울리게 하는 등 여러 방법을 동원해 아이의 감성지수를 키워주려 노력했다. 그 결과 네 살짜리 아이는 짜증이나 성질 한번 부리지 않고 자라고 있었다. 엄마는 아이의 그런 모습이 무척이나 만족스럽고 자랑스러웠다. 그런데 어느 날 그녀의 지인이 자신에게 교육법이 잘못됐다는 말을 했다며 나를 찾아왔다. 자녀교육 분야의 전문가인 내게 어릴 때부터 아이의 감정을 통제하는 것이 좋은 건지 나쁜 건지 알려 달라는 것이었다.

이 문제를 듣자마자 나는 머리가 지끈거렸다. 생각해 보라. 네살 때부터 감정을 다스리는 것을 배우기 시작한다면 아이는 자라서 어떤 사람이 될까? 문득 그녀의 이야기를 들으며 내 인생에서 가장 성격이 좋았던 친구가 떠올랐다. 그를 생각할 때마다 나는 매우 괴로웠다. 무척 젊은 나이에 세상을 떠났기 때문이다. 그 친구를 10여 년 동안 알고 지내면서 나는 그가 화를 내는 것을 본 적이 없었다. 그는 누구나 인정하는 성품이 좋은 남자였다.

우리 둘은 모두 농촌 출신으로 졸업 후 작은 도시에서 살았다. 내게 가장 인상 깊게 남아 있는 기억은 당시 직장에서 그에게 약 20제곱미터짜리 방 한 칸을 내주었는데 마을 사람들이 그가 사는 도시에 갈 때마다 그의 집을 제집처럼 사용했다. 마을 사람들이 들고 온 닭과 오리, 물고기들로 인해 방안은 늘 지저분하고 냄새가 났지만, 그는 한 번도 거절하지 않았다.

어느 날 나는 그에게 "이렇게 많은 고향 사람들이 네 생활을 방해하는데 괜찮으냐."라고 물어보았다. 그러자 그는 "받아 주지 않으면 어쩌겠어. 고향 사람이 왔으니 도와야지, 거절하기가 미안해."라고 말했다. 그는 언제나 무슨 일이든 자기 마음속에 꾹꾹 밀어 넣고 참아왔다. 그렇게 사람 좋은 친구가 결국 간암으로 일찍 세상을 떠나 버린 것이다.

감정심리학을 조금이라도 공부한 사람은 누구나 알 것이다. 끊임없이 감정을 억누르는 사람은 감정이 내부를 공격해 자신의 몸을 해친다는 걸 말이다. "참을 '인'자 셋이면 살인도 피한다."라는 속담이 있다. 하지만 사실 이렇게 참다 보면 병이 날 수 있다. 안타깝게도 이를 아는 사람은 너무나도 적다. 우리는 무조건 참고 견디는 사람을 좋은 사람으로 착각하고 사는 것이다.

분노 뒤에는 무력감, 좌절, 상처가 가려져 있다

감정을 참는 것은 좋은 것이 아니다. 그렇다면 감정을 막무가내로 분출하면 나아질까? 몇 년 전 한 연예인이 자신의 감정을 참지 못해 가정폭력을 일으킨 사건이 기사화된 적이 있었다. 이 연예인은 당시의 일로 대중의 질타를 받게 되었고 결국 그가 운영하는 기업은 파산했다.

참기만 하는 것도, 발산하는 것도 옳지 않다. 그렇다면 우리는 감정을 어떻게 다스리는 것이 좋을까? 사실 감정은 몸이 외부 세계를 대하는 자연스러운 반응으로 잠재의식이 우리에게 주는 신호다. 이 신호를 받았는데도 억지로 억누르면 우리 몸은 상처를 입는다. 그렇다고 해서 감정을 마음껏 발산하고 발전시키면 다른 사람에게 상처를 줄 수 있다. 그래서 감정을 올바르게 다루는 방법은 '관리'하는 것이 아니라, 그것을 보고 '받아들이는' 것이다.

좋은 성품은 두 가지의 종류로 나눠 볼 수 있다. 하나는 '억누르는 것'이고, 다른 하나는 '받아들이는 것'이다. 장궈웨이 박사가 말하는 좋은 성품은 바로 후자의 경우다.

장 박사는 내가 가장 존경하는 스승으로 신경 언어 프로그램인 NLP계의 거장이다. 16년 동안 그와 함께하면서 그가 성질을 부리는 걸 본 적이 없다. 그 덕에 참 편하게 함께 일해 왔다. 부처는 인생은 십중팔구 뜻대로 되지 않는다고 말했다. 여러 가지 마음대로 되지 않는 일을 마주하면서 그는 정말 조금도 기분이 나빠지지 않았을까?

나는 그에게 이 문제에 대해 물어본 적이 있다. 그는 원래 지질기술사였다. 업무가 매우 번거롭고 만나는 사람도 비교적 많았다. 예전의 그는 불같은 성미여서 조금만 화가 나도 자주 사람들과 충돌을 빚곤 했다. 나는 궁금해서 물어보았다.

"그런데 어떻게 지금은 이처럼 온화한 성품을 가질 수 있나요?"

그는 NLP를 공부하고 심리학을 접하면서 감정을 감지하고, 감정 이면의 진실한 표현을 볼 수 있게 됐다고 말했다. 예를 들어 분노는 자신이 무력할 때 나타나는 습관적인 반응이지만 사실 부차적인 감정일 뿐이라는 것이다.

분노의 배후에는 종종 '무력감·좌절·상처' 등이 가려져 있다. 우리가 무력감을 느끼는 동시에 분노 뒤에 있는 이 연약함을 받아들이기 싫어할 때, 분노는 밖으로 화살을 돌려 상대방을 공격하고 책임을 전가한다. 이로써 우리는 자신의 무능력에 따른 고통을 느끼지 않게 된다.

만약 자기 감정을 잘 이해하고 그것을 즉시 알아차리고 발견할 수 있다면, 스스로에게 무엇을 할 수 있을지 물어보라. 억누르거나 공격하거나, 발산 또는 합리화시킬 수도 있다. 물론 건설적인 일을 할 수도 있다.

예전과 다른 점은 자신의 분노를 느낄 수 있게 되고, 분노를 넘어서 그 이면에 있는 깊은 무력감을 느끼게 된다는 점이다. 숨을 깊게 들이마신 다음에 스스로에게 물어보라.

"내가 무엇을 할 수 있을까?"
"내가 무슨 선택을 할 수 있을까?"

아마 많은 답이 나올 것이다. '상대방의 코를 납작하게 만드는 것'도 그중 하나의 선택일 것이다. '이 감정을 받아들이고 돌아가서 프로젝트를 더 잘하도록 노력하겠다'라는 것도 하나의 선택이다. 나는 당연히 후자를 선택할 것이다.

부정적인 감정을 억누를 때 긍정적인 감정도 같이 억눌린다

사실 심리학을 배웠든 안 배웠든 사람은 모두 분노를 느낀다. 하지만 심리학을 배우고 나면 화가 났을 때 하는 행동은 변할 수 있다. 심리학을 통해 자신의 진실한 감정을 '알아차릴' 수 있게 되면, 우리는 이를 수용할 수 있는 더 많은 공간을 갖게 되고, 매우 평안하고 여유로워진다. 이런 여유는 삶에 활력을 더한다.

우리가 볼 때 똑같이 좋은 성품이라도 실제로는 '억압'의 상태와 '수용'의 상태로 다를 수 있다. 어떻게 이 둘을 분별할 수 있을까? 전자는 생기가 없고 후자는 생기가 넘친다.

감정 기복이 있는 것을 좋지 않다고 생각해 감정을 억누르고 희로애락을 드러내지 않는 사람들이 많다. 감정을 억누르는 동안, 그의 생명 에너지는 낮아지고 삶은 마치 꼭두각시의 인생처럼 무미건조해지며 살아갈 힘이 없어진다. 한 집단에서 이런 사람은 가장 존재감이 없기 마련이다. 왜 그럴까? 우리는 감정을 긍정적인 것과 부정적인 것으로 구분하기 때문이다. 예를 들어, 기쁘고 즐거운 감정은 긍정적이다. 분노나 슬픔은 부정적이다.

그런데 부정적인 감정을 억누르는 데 익숙해지면 긍정적인 감정도 함께 억눌린다. 분노할 줄 모르는 사람은 어떤 격정적인 감정을 알지 못하며, 슬퍼할 줄 모르는 사람은 즐거움을 느끼지 못하며, 아픔을 느끼지 못하는 사람은 흥분을 느끼지 못하게 된다. 이렇듯 감정은 양면적이어서 어느 한쪽을 억압하면 다른 한쪽도 똑같이 억압당한다. 인생에 생기가 없어지는 것은 너무 깊게 억눌렸기 때문일 수 있다. 인생의 생기와 활력 그리고 색깔을 살리는 방법은 사실 매우 간단하다. 부정적인 감정을 받아들이면 된다.

두려움이 있기에
생은 지속된다

헷갈리기 쉬운 감정, 두려움과 불안

인도에서 공부할 때의 일이다. 회사 경영진에게 조용히 공부에 전념할 수 있도록 회사 일로 나를 찾지 말아 달라고 부탁했다. 그런데도 직원으로부터 전화가 걸려왔다. 그녀는 매우 떨리는 목소리로 회사가 주최하는 실용심리학총회의 초청 귀빈 연사가 갑자기 일이 생겨 강연을 못 하게 됐다는 것이다. 이미 총회에 대한 홍보가 전면적으로 나간 데다가 입장권도 모두 팔린 상태였다. 그리고 어떤 사람들은 그 강연을 위해 특별히 멀리서 찾아오는데, 어떻게 해야 하느냐는 것이다. 행사 진행을 맡은 동료는 어찌해야 할지 몰라 불안에 떨며 입맛도 잃고 잠도 자지 못했다.

'변화'는 이 세상 유일한 불변의 법칙이다. 특히 삶의 리듬이 빨라지는 요즘, 우리가 직면하는 변화들이 점점 더 많아지고 있어 초조하고 불안한 감정에 휩싸이기 쉽다. 불안은 숙면을 방해하고 면역력을 낮추며 삶의 질을 크게 떨어뜨린다.

불안에 직면하면 어떻게 해야 할까? 삶의 변화가 급속한 요즘 어떻게 불안함에서 벗어나 일상생활로 돌아갈 수 있을까?

이 질문에 답하려면 우선 '두려움'과 '불안'이라는 두 가지 감정을 구분할 줄 알아야 한다. 심리학을 배우지 않은 사람들은 이 두 개념을 헷갈려 한다. 두려움과 불안의 개념을 바로잡으면 우리는 불안에서 쉽게 벗어날 수 있다.

적당한 불안은 긍정적인 역할을 한다

두려움이란 무엇인가? 그것은 인간과 생물의 심리 활동 상태이다. 심리학적으로 말하면, 두려움은 어떤 위험한 상황에 직면했을 때 거기서 벗어나고자 하나 그럴 수 없어 무력감을 느낄 때 생긴다. 일종의 강하게 억눌린 감정이다. 두려움, 즉 무서워하는 것은 "자라 보고 놀란 가슴 솥뚜껑 보고 놀란다."라는 속담과 같다.

먼저 두려움이 결코 나쁜 것이 아님을 알아야 한다. 두려워하는 게 없었으면 좋겠다는 말을 많이 듣는다. 심지어 '쫄보'라는 말이 부정적으로 들리는 것처럼 겁이 많으면 좋지 않을 것 같다는 인식이 있다. 사실 이것은 모두 두려움에 대한 오해에서 비롯된 것이다.

두려움은 타고난 기능이 있다. 만약 두려움이 없었다면 인류의 생존 가능성은 줄어들었을 것이다. 예를 들어 뱀을 보면 두렵고 무서움을 느껴 피해야 생명이 위협받지 않는다. 폭발물을 봤을 땐 두려워서 탈출해야 생존할 수 있다. 만약 호랑이 앞에서 겁내지 않고 오히려 가까이 다가간다면 죽기 십상이다. 두려움은 지금 발생하는 위협에 대한 자연스러운 반응으로 위협이 사라질 때 자취를 감추며, 우리의 삶을 지배하는 것이 아니라 오히려 생존을 보장한다. 그래서 우리는 두려움을 받아들이고 감사할 줄 알아야 한다.

하지만 불안은 다르다. 불안은 미래에 생길 위협적인 것을 예측하는 감정적인 반응이고, 뇌가 상상해서 만드는 두려움이다. 일반적으로 적절한 불안은 뇌의 반응 속도와 경각심을 적절하게 향상시키는 긍정적인 역할을 한다. 예를 들어 시험 전에 불안해하는 것은 정상적인 심리 현상이다. 적당한 불안은 시험을 잘 보는 데 도움이 된다. 하지만 오래 또는 지나치게 불안해하면, 우리는 부정적인 에너지의 울타리에 갇히게 되고, 이는 수면에 영향을 미쳐 에너지를 소모하게 한다. 어떻게 매일의 삶을 살아가야 할지 막막하며 건강도 좋지 않은 영향을 받게 된다.

미래는 아직 오지 않았기에 불안은 계속 존재하며, 끊임없이 우리 인생의 에너지를 소모하게 할 것이다. 불안할 때 모든 것을 잃거나 잃을 위협을 받을 수도 있다는 부정적 감정에 초점이 맞춰져 있어 해결책을 고민할 겨를이 없다.

사람은 평생 자신이 어떤 성취를 얻으려고 하든지 간에 자신의 '에너지'를 유지해야 한다. 그것은 우리에게 끊임없이 원동력을 제공해 주기 때문이다. 그러나 불안이 에너지를 소모해 버리면, 문제를 해결할 여분의 에너지가 없어지고, 정말로 불안한 미래가 위협해 올 것이다.

불안보다 자각하지 못하는 것이 더 무섭다

불안은 원래 인류가 더 나은 생존 기회를 얻고 환경 변화에 대응하기 위해 신체 기능을 충분히 사용하게 하는 일종의 뇌 반응 메커니즘이다. 하지만 이 시스템이 과잉 반응하면 오히려 정반대의 작용을 일으켜 에너지를 빨리 허비하게 만든다. 그리고 실제로 생명의 위협을 받았을 때 제대로 대처하지 못하게 된다는 것이 불안의 역설이다.

만약 이 점을 자각하게 되었다면 불안이 엄습해올 때 미래가 아닌 '현실'로 초점을 돌려 미래에 일어날 수도 있는 위협에 대비하기 위해 '지금' 무엇을 해야 할지 자문해 보자. '지금 무엇을 해야 미래에 생길 수 있는 손실을 줄일 수 있을까?' 그렇게 괜한 걱정으로 에너지를 허비하기보다 해결책을 찾는 쪽으로 초점이 옮겨진다.

처음의 사례로 되돌아가 보자. 초청 귀빈의 불참 소식에 직원들은 불안해했고, 나도 매우 불안했다. 그러나 나와 그들의 단하나 차이점은, 나는 나의 불안을 알아차렸다는 것이다. 불안을 똑똑히 자각하고 나서 숨을 깊이 들이마시며 마음을 가라앉힌 뒤 자문했다.

'강연 연사가 오지 못하게 된 지금, 나는 무엇을 할 수 있을까? 누가 그를 대신할 수 있을까?' 그러다 보니 해결책이 떠올랐고 듣고 있던 강의를 잠시 접고 여러 명의 대체자에게 연락하기 시작했다. 메일과 우편을 발송하고 나서 내 마음은 금방 안정을 되찾았다.

이튿날 아침, 나는 끊임없이 회답을 받았고, 최종적으로 다른 연사로 확정했다. 그 뒤 입장권 표를 구매한 고객들에게 이 사실을 개별적으로 알리고 진심으로 사과했다. 원치 않는 고객에 대해서는 즉시 환불해 주는 한편, 새로 홍보하며 다시 공개적으로 표를 판매함으로써 환불의 손실을 메우게 했다. 모든 과정이 일사불란하게 진행됐고, 총회에 어느 정도 영향을 미치긴 했지만, 성공적으로 치러져 참석자들에게 호평을 받을 수 있었다.

불안에 시달리는 순간 우리는 불안의 손아귀에 들어가게 된다. 그러나 불안이 '아직 일어나지 않은 일'에 대한 두려움이라는 사실을 깨달으면, 현재할 수 있는 '해결책'으로 돌아가 마음의 안정을 찾을 수 있다. 침착하게 현재를 직시하며 더는 불안해하지 않게 된다.

사실 대부분 사람이 우려하는 미래는 실제로 일어날 가능성이 거의 없는 일이다. 그중 80퍼센트, 심지어 90퍼센트 이상이 우리 뇌가 만들어낸 것이다. 이것을 깨닫고 미래에 대한 두려움과 불안감에서 벗어나 현재로 돌아가 해결책을 찾는 데 힘을 쏟는다면 마음의 평온을 찾을 수 있다. 우리 삶에 담담하게 대처하면 시끄러운 도시에서 살아도 유유자적한 전원생활을 즐길 수 있다. 관건은 불안을 감지하고 현재로 돌아가 즐길 수 있느냐 하는 것이다.

모든 문제의 근원엔 '자기 가치'가 있다

심리학적으로 불안은 대개 안전감이 부족한 데서 비롯된다. 내면에 미래에 대한 불안감이 있을 때 우리는 더 나쁜 일이 생길까 봐 아직 일어나지도 않은 일을 오늘 두려워하며 지낸다.

안전감은 어떤 영향을 줄까? 미래에 일어날 수 있는 변화에 대처할 능력이 있다고 믿는 사람은 미래에 대한 확신이 있다. 반대의 경우엔 두려움 때문에 불안해한다. 미래에 대처할 자신이 있는지 없는지는 주관적인 평가에 근거한다. 심리학에서는 자신에 대한 주관적 판단을 '자기 가치'라고 한다. 주관적으로 자신의 능력을 믿고, 모든 문제를 해결할 수 있다고 확신하는 것이 바로 자기 가치가 높다는 뜻이다. 자기 가치가 높은 사람은 미래에 대한 안전감이 충만하므로 자연히 불안해하지 않는다.

그래서 모든 문제의 근원엔 '자기 가치'가 있다.

이쯤 되면 이미 불안과 춤을 추는 법을 알게 되었으리라 믿는다.

두려움을 느낄 때 먼저 그것이 현재의 위험에 대한 '두려움'인지, 미래에 대한 '불안'인지 구분하라. 만약 불안하다면 자신에 대한 확신이 없어서 생긴 결과임을 알 수 있다. 이런 경우 스스로에게 어떻게 해야 미래에 대해 자신감을 가질 수 있을지, 미래에 일어날 수 있는 위험에 대응하려면 어떤 능력을 갖춰야 할지 물어보자. 이렇게 물으면 미래에 대한 불안함이 나를 움직이게 하는 추동력이 될 것이다.

'불안함'을 '행동하는 능력'으로 바꿀 수 있다면 그 불안도 나름의 가치가 있는 셈이다. 그것은 더 이상 자신의 에너지를 소모하지 않고 오히려 더 나은 자신이 될 수 있도록 움직이게 하는 원동력이 될 것이다. 움직임을 통해 충분한 능력을 갖추면 자연히 나에 대한 자신감과 미래에 대한 희망을 품을 수 있다.

불안과 함께 춤출 줄 알게 되면, 불안은 사실 정성껏 꾸며놓은 '선물'임을 알게 된다. 불안함 뒤에는 미래에 대한 조언과 자아 가치를 높이고 더 나은 자신이 되게 돕는 원동력과 기회가 숨어 있기 때문이다. 그러므로 그저 불안해하기보다는 불안을 자각하는 순간 일어나 행동하는 것이 좋다.

고통을 유발하는
세 가지 바이러스

모두 저마다의 고통을 안고 산다

내가 존경하는 한 친구가 불교 사당에서 심리학 과정을 연 적이 있다. 나는 그에게 "넓고 심오한 불법을 배우는 출가한 사람들은 이미 세상의 무상함을 간파하고 있을 텐데 심리학이 왜 필요하겠냐?"라고 농담을 던졌다. 그는 빙그레 웃더니 이렇게 말했다.

"선생님, 세상을 간파한다고요? 정말 간파할 수 있는 사람이 몇이나 될까요? 간파하는 건지, 피하는 건지 지혜롭게 가려내야 해요. 많은 사람이 속세에서 너무 많은 고통을 겪었고, 고통을 뚫고 나갈 수 없어서 출가를 선택하죠. 불법은 당연히 넓고 심오하지만, 심리학은 상처를 치유하는 데 독특한 특성이 있어요. 먼저 심리학으로 상처를 치유하면 앞으로의 수행에 큰 도움이 될 거예요."

나는 그의 의견에 전적으로 동의한다. 그런데 출가한 사람들을 치유하는 그 친구도 사실 회사 경영으로 괴로워하고 있었다. 다른 사람들의 고통을 치유하는 방법을 알고 있는 그도 실제로 치료되지 못한 나름의 고통이 있었던 것이다.

고통이란 도대체 무엇일까? 고통을 없애는 방법은 없는가? 아마 대부분의 사람은 성공하면 고통이 사라지리라 생각한다. 정말 그럴까?

'인생 소프트웨어 업그레이드' 수업에서 한 수강생이 자신의 고통을 얘기하자, 반 전체가 떠들썩했던 일이 있었다. 그녀는 호화 주택에 살면서 외제차를 몰았고 고급 견종을 키우는 사람이었다. 그녀는 거의 아무 걱정 없이 많은 사람이 꿈꾸는 생활을 이미 실현하고 있었다. 그러나 정작 본인은 자신이 더없이 고통스럽게 살고 있다고 느꼈다. 자신의 삶이 가치가 없고 무의미하다는 것이다. 많은 이들이 그토록 원하는 삶을 사는 사람들, 심지어 정신적인 멘토들도 그들 나름의 고통이 있다.

스스로 고통을 가중한다

고통의 본질은 무엇일까? 먼저 고통이 무엇인지 그 근본부터
살펴보자. 고통에는 세 가지 종류가 있다.

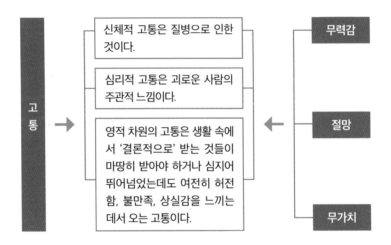

1. 신체적 고통

이런 고통은 일반적으로 질병으로 인해 발생하는 것으로 의사
를 찾아가 해결하면 된다.

2. 심리적 고통

마음의 고통은 일종의 주관적인 느낌으로 스스로 자신이 매우 고통스럽다고 느끼는 것이다. 이런 고통은 일 자체와는 무관하며, 일을 대하는 관점과 관련이 있다.

우리는 흔히 분명 고통스러운 일을 하고 있는데도 즐거워하는 사람들을 볼 수 있다. 예를 들어 익스트림 스포츠 마니아는 몸과 마음은 괴로울 수 있지만 짜릿함을 느낀다. 헬스장에서 땀 흘리며 PT 선생님께 혹독하게 트레이닝을 받는 사람도 있다. 매년 많은 사람이 희생되는 줄 알면서도 세계 최고봉을 정복하려 든다. 사막 트레킹을 하며 사나흘 동안 열악한 환경에서 도보로 걸으며 몸의 한계를 경험하지만 그들은 이를 자랑한다. 그들은 남들이 감당할 수 없는 고통스러운 일을 하지만 고통으로 느끼지 않는다. 그들이 이처럼 보통 사람들은 상상하기도 힘든 일에 목숨을 걸면서도 하려는 이유는 그 안에서 쾌감과 성취감을 얻을 수 있기 때문이다.

즉, 고통은 주관적인 느낌으로 스스로 자신에게 가하는 것이다. 그렇기에 고통에 대한 감상은 저마다 다르다. 어쩌면 누군가는 극도로 고통스러워하는 일이 다른 이에게는 오히려 만족과 즐거움을 주고, 누군가는 동경하고 열심히 추구해 온 삶이 다른 사람에게는 끔찍하게 고통스러울 수 있다. 왜 그럴까? 그 고통은 외부에서 결정되는 것이 아니라 자신의 '내적 신념'에 따라 결정되기 때문이다.

심리학자 앨버트 엘리스$^{Albert\ Ellis}$가 만든 ABC 이론은 같은 사안에 대해 사람마다 감정과 반응이 다르다고 말한다. 사건 자체가 아니라 그 사건을 바라보는 시각의 차이에서 각기 다른 반응이 비롯된다는 것이다. '관점'은 이 이론에서 '신념'이라고 일컬어진다. 즉, 한 가지 사건이 발생했을 때 자신의 신념에 따라 '마땅히'와 현실에서 일어나는 '결론'이 모순되는 순간 고통스러운 것이다.

예를 들어 (마땅히) 상여금을 200만 원 정도는 받아야 한다고 생각했는데 (결론적으로) 사장이 145만 원만 지급했다. 145만 원이 업계에서 높은 수준이라고 하더라도 나는 여전히 우울하고 기분이 좋지 않을 것이다. 즉, 우리의 상상이 현실 세계와 일치하지 않을 때 고통을 느끼는 것이 바로 심리적 고통이다.

3. 영적 차원의 고통

독일의 철학자 쇼펜하우어$^{Arthur\ Schopenhauer}$는 삶은 욕망이라고 했다. 욕망이 충족되지 않으면 고통스럽고, 충족되면 지루해한다. 인생을 고통과 권태 사이를 끊임없이 오가는 시계추라고 했다.

갖출 것을 다 갖춘 상황에서도 그러하다. 예를 들어 직장, 가정, 자녀와 같이 사람들이 일반적으로 추구하는 인생 목표를 대부분 다 이루었다고 생각해 보자. 이렇게 생활 속에서 '결론적으로' 얻은 것이 '마땅히' 얻을 것과 부합하고 심지어 넘어선 상황임에도 여전히 허무하고, 만족하지 못하고, 좌절하고, 괴로워하는 경우를 볼 수 있다. 이러한 고통이 바로 영적 차원의 고통이다.

상담 치료 중 한 사례자가 자신의 고통을 이야기하다가 머리를 감싸 안고 통곡하기 시작했다. 가슴을 찢는 듯한 그의 울부짖음에 나는 그가 가정 내 불화가 심각하거나 사업이 실패한 줄 알았다. 그러나 모두 아니었다. 그는 감정을 추스르더니 "선생님, 저 다시는 이전의 상태로 돌아갈 수 없습니다."라며 흐느꼈다. 이런 말은 내가 여태껏 들어본 적이 없어서 어떤 상태를 말하는 건지 궁금해서 물었다.

그는 우연히 아주 좋은 상태를 경험했는데 그 아름다운 느낌이 마치 천국에 있는 것 같았고 고통 없이 모든 것이 즐겁고 좋았다고 했다. 그러나 그 상태에서 빠져나왔을 때, 그는 다시 인간계로 돌아와 현실과 마주해야 했다는 것이다. 다시는 그때의 그 상태로 돌아갈 수 없다는 생각이나 느낌이 들면 가슴이 미어진다고 했다.

나도 한때 한 영성 수업에서 그런 상태를 경험한 적이 있었는데 꽤나 묘한 감흥이었다. 그 경험을 한 후 일주일 동안 나는 삶의 모든 순간이 즐거웠다. 그러나 안타깝게도 나도 위의 사례자와 같이 이후 다시는 그 상태로 돌아가지 못했다.

영적 차원의 고통은 일반인들이 쉽게 느낄 수 없다. 이 책에서는 주로 심리적 고통을 중점적으로 다룰 생각이다.

낮은 단계의 고통을 없애도 더 높은 단계의 고통이 있다

심리적 고통은 보통 세 가지 바이러스적 신념인 '무력감, 절망, 무가치함'에서 비롯된다.

1. 무력감: 비교해서 생기는 고통이다

무엇을 가지고 있고, 얼마를 가지고 있든지 간에, 자신보다 더 많이 갖고, 더 잘사는 누군가는 언제나 있다. 만약 이로 인해 고통스러워한다면, 이것은 무력감에서 비롯된 고통이다. 무력감을 느끼는 사람은 '나는 할 수 없다'는 생각이 뿌리 깊이 박혀 있다. 이런 신념을 가진 사람은 열심히 명문 학교를 졸업하고 지식을 많이 쌓고 부유해도 아무런 감흥이 없다. 언제나 자신보다 더 잘사는 사람을 찾을 것이기 때문이다. 자신보다 더 잘나가는 다른 사람이 있는 한 그는 항상 괴롭다.

2. 절망: '불가능'에서 오는 고통

우리 주변에는 자신을 제한하고, 옛것을 지키며, 기존의 규칙을 고수하고, 새로운 시도를 하려 하지 않는 사람들이 많다. 마치 맷돌질하는 말처럼 한정된 공간을 맴돌며 평생을 똑같이 보내는 것이다.

그들의 세계에는 너무 많은 '불가능'이 있다. 그들을 힘들게 하는 것은 외부 환경이 아니라 내가 할 수 없는 것은 남도 할 수 없다는 '절망적인' 신념이다. 일단 이런 신념이 형성되면 삶의 어느 영역에 갇혀 버린다. 그런 신념이 많아지면 그 사람은 절망과 고통에서 벗어나지 못해, 심한 경우 삶까지 포기해 버린다.

3. 무가치: '그 무엇도 아닌 것'에서 오는 고통

어떤 대학원생은 졸업 논문이 통과되지 않자 쉽게 삶을 포기하고, 어떤 사장은 한 번의 사업 실패로 인해 삶을 포기했다. 어느 젊은이는 실연당해서 자살 시도를 했다.

사람들은 사업에 성공한 사람은 우러러보고, 성과가 없는 사람은 별 쓸모없는 사람이라고 여긴다. 이것이 바로 고통스러운 비극이 일어나는 근원이다. 인간의 가치를 깃털처럼 가볍게 생각하기 때문이다.

스스로 자기 가치를 모른다면 자신이 하는 일에 따라 자기 가치를 볼 수밖에 없고, 그 결과 일에 실패하면 자신도 실패했다고 느낀다. 이런 신념을 가진 사람들은 인생의 가치를 모두 외적인 것에서 찾는다. 그리고 좌절을 경험하면 그들은 영원히 회복할 수 없다고 생각한다.

'무가치'하다고 느끼는 것은 여러 바이러스성 신념 중 가장 해롭다. 한 사람의 내면에 '무가치'라는 바이러스가 심어지면 그 사람의 마음은 조그만 실패에도 유리같이 쉽게 깨지고 쉽게 자신의 일을 포기하고, 이것이 반복되다 보면 인생마저 포기하게 된다. 억지로 살아남아도 너무나도 연약한 마음으로 살아가게 된다. 이런 사람과 어울리다 보면 그 사람뿐 아니라 주변 사람도 괴로워진다.

신체적·심리적·영적 차원의 세 가지 고통은 점진적인 관계다. 이들은 서로 묶여 있어서 낮은 단계의 고통을 없애도 높은 단계의 고통이 나타난다. 예를 들면, 육체에 병이 찾아와 생존을 최선으로 생각하는 상태일 때는 심리적 차원의 고통과 영적 차원의 고통을 느끼지 못한다. 그러나 건강할 때는 심리적 고통을 느낄 수 있다. 그러다 어느 날 마음의 고통이 사라지면 영적인 고통이 시작될 수도 있다.

이것은 타인의 심리적 고통을 해결해 주는 심리학 멘토가 여

전히 많은 고통을 겪는 이유다. 낮은 차원의 고통이 해소된 뒤에
도 한 차원 높은 고통에 직면하기 때문이다.

어떻게 고통에서 벗어날 수 있을까?

시간이 지난다고 고통은 사라지지 않는다. 차라리 고통과 함
께 춤을 추는 게 낫다. 고통을 거부할 때 오히려 고통이 커질 수
있다. 감정의 시계추 이론은 어떤 감정을 억눌렀을 때 다른 감정
을 느끼는 능력도 마찬가지로 떨어진다는 것이다. 이른바 부정
적인 감정의 강도가 낮아지면 긍정적 감정도 마찬가지로 낮아져
서 시계추처럼 똑같은 폭으로 흔들리게 되는 것이다.

고통과 기쁨도 역시 시계추의 양 끝과 같다. 사람들은 대부분 고
통을 느낄 때 본능적으로 억누르는 방법을 택한다. 다만 고통을 억
누르고 거부할 때, 기쁨을 느끼는 능력도 억압하고 거부하게 된다.
같은 이유로, 극도의 고통을 느낄 때 어느 순간 극도의 기쁨도 느
낄 수 있다는 것을 알게 된다. '통쾌하다'의 아플 통痛, 쾌할 쾌快는
여기서 유래되었으리라.

인생은 불가피하게 고통과 마주한다. 고통은 시간이 지난다고

사라지지 않는다. 오직 끊임없이 자신을 단련하고 고통 속에 자신을 수용하고 온전히 경험하는 것이 고통을 직면하는 가장 좋은 방법이다. 억누를 게 아니라 고통의 근원이 무엇인지, 몸의 고통인지 심리적 고통인지 영적 차원의 고통인지 살펴봐야 한다.

심리적인 고통이라면 자신을 괴롭히는 원인이 '무력감'인지 '절망'인지 아니면 '무가치'인지 살펴보라. 이 고통을 잘 알아야 그것을 분별하고 대처하며 차근차근 지나갈 수 있다. 고통 하나를 지날 때마다 우리의 인생은 한 단계씩 올라갈 것이다.

깨달음을 얻은 사람만이 고통을 느끼지 않는다. 나는 그 경지에 이르지 못했기 때문에 여러 가지 고통에 직면하며 산다. 그러나 나는 우리가 배우고 성장하기를 원한다면 아마도 언젠가는 고통이 없는 기쁨으로 가득 찬 세계에 도달할 수 있으리라 믿는다.

억울함을 가뿐히 뛰어넘는
초월의 경지

모든 패턴에는 뿌리가 있다

'코칭 매니지먼트' 강의에서 한 수강생이 대인관계의 어려움 때문에 나를 찾아왔다. 그는 성격이 센 리더나 고객과 관계를 맺기가 어렵다고 했다. 누군가가 그를 통제하거나 조종하려고 할 때마다 아무리 사소한 일이라도 갈등이 발생한다는 것이다. 그는 마찰을 빚는 게 좋지 않다는 것을 알지만 참을 수가 없다고 했다.

한 사람이 끊임없이 반복적인 행동을 하는 것은 바로 '패턴'이 개입하고 있다는 것을 나타낸다. 일반적으로 패턴에는 그 뿌리가 있고, 근원적인 사건을 찾아서 다뤄야 완전히 바뀔 수 있다.

나는 그와 함께 과거를 돌아보기 시작했다. 그의 마음엔 억울함이 가득했다. 그에게는 새엄마가 낳은 남동생이 한 명 있었다. 아버지는 늘 동생을 편애하여 자신에겐 몇만 원짜리 책도 사 주기 아까워하면서 동생에겐 서슴없이 백만 원짜리 컴퓨터를 사 주었다. 불공평하게 대우받았던 경험을 얘기하다 다 큰 성인이 갑자기 울음을 터뜨렸다. 어린 시절의 서러움이 지금도 마음속에 남아 있었고, 그 서러움은 그의 포부를 키우기는커녕 오히려 외부 세계를 향한 공격으로 이어지게 했다.

그가 기가 센 사람과 어울리기 힘들었던 이유는 이런 사람들을 대할 때마다 아버지에 대한 원망을 투사하게 되었기 때문이다. 내재적으로 너무 많은 분노를 억눌러 왔기 때문에 그는 한마디라도 마음에 들지 않으면 화가 머리끝까지 치밀어 올랐다.

마음이 넓은 사람은 억울해하지 않는다?

마음이 넓으냐, 좁으냐가 꼭 억울한 것과 상관이 있는 건 아니지만 마음이 넓은 사람들은 사실 억울해하지 않는 경향이 있다.

정치적 반대 세력에 의해 투옥된 넬슨 만델라 전 남아프리카

공화국 대통령은 인생의 3분의 1을 감옥에서 보냈다. 그러나 그가 사형수에서 한 나라의 수장이 된 뒤에 했던 첫 번째 일은 정적 청산이 아니라 진실을 말하면 용서받을 수 있다는 민족 화해 정책이었다. 그의 주도 아래 남아공은 다른 아프리카 국가들처럼 정권이 바뀔 때마다 대규모 유혈 충돌을 일으켜 100만 국민을 지옥으로 몰아넣는 일은 하지 않았다.

인종차별에 반대해 감옥에 갇혔던 만델라는 불공정한 대우를 받았지만, 국익 앞에서 자신의 감정을 포기했다. 그리고 그에게 재앙을 안겨줬던 사람들을 용서함으로써 자신의 넓은 마음을 행동으로 보여 주었다.

왜 어떤 사람들은 억울함을 참을 필요도 없이 마음이 충분히 넉넉할까? 마음의 크기는 도대체 무엇과 관계가 있는가? 이 몇 가지 문제에 대답하려면, 우리는 먼저 '마음'이 무엇인지 분명하게 알아야 한다. 마음은 더 넓은 각도에서 생각할 수 있다.

그럼 억울함은 무엇인가? 억울하다는 건 부당한 대우를 받고 마음이 힘든 상태를 말한다. 불공정한 대우는 외부에서 오는 것이고, 억울한 것은 주관적인 느낌이다. 억울함을 느끼게 되는 것은 당사자의 마음이 너무 좁아 자신과 다른 시각이나 예상 밖의 사건을 용납할 수 없기 때문이다. 어떤 일이 자신의 생각대로 진행되지 않고 스스로 상황을 바꿀 힘이 없을 때 어쩔 수 없이 받아들이게 되는 감정이 바로 '억울함'이다.

넬슨 만델라가 불공평한 대우에도 억울함을 크게 느끼지 않은 것은 그만큼 마음이 넓었기 때문이다. 마음이 넉넉한 사람이 억울할 이유가 어디 있겠는가? 그렇다면 반대로 억울한 마음을 가진 사람들이 어떻게 넉넉한 마음을 가질 수 있을까?

중국어에는 전혀 다른 두 가지 의미를 내포한 '용인'이라는 단어가 있다. 용은 공간적 개념이고, 인은 일종의 심리 상태다. 마음이 놓이면 수용할 수 있다고 하고, 마음이 놓이지 않으면 참으라고 한다. 그러니 수용할 수 있다면 참을 필요가 없고, 참으려 하면 수용할 공간이 부족할 수밖에 없다.

'마음'과 '억울함'도 같은 관계라고 생각한다. 억울함이란, 실은 마음이 너무 좁아서 사람이나 일을 용납할 수 없는 것인데, 사실 사람이나 일은 내 뜻대로 되지 않는 법이다. 그러니 참을 수밖에 없다. 하지만 참기에는 마음이 즐겁지 않기에 마음 안에 억울함이 가득 쌓이는 것이다.

불교에는 '내려놓음'이라는 말이 있다. 명예나 재물, 재산은 잃거나 얻기도 하는데, 이로 인한 슬픔과 기쁨, 질투와 노여움, 걱정과 두려움을 마음에 두거나 집착하지 말라는 말이다.

내려놓음은 일종의 새로운 경지다. 그럼 어떻게 해야 내려놓을 수 있을까? 내려놓기 위해선 내면세계가 매우 강해야 한다.

어떤 사람은 왜 마음이 넓어야 하냐고 묻는다. 자신의 작은 세계에서 생활하는 것도 나쁠 것이 없다는 것이다. 우물 안 개구리로 사는 건 또 어떤가? 한 우물에서 아이를 낳고 평생을 살아도 좋고 세상이 조금 작아질지는 몰라도 충분하다는 의미다.

정말 그럴까? 우물 안 개구리가 평생을 행복하게 살 수 있는 전제 조건은, 그 우물이 영원히 그들만의 것이란 전제하에서다. 만일 어느 날 뱀이 나타난다면 어떻게 될까. 행복했던 가족은 뱀의 아침 식사가 될 것이다. 그들의 세계는 너무 작아서 정말 뱀 한 마리도 수용할 수 없다.

반대로 호수에 사는 개구리는 다르다. 호수가 너무 커서 다른 생물들을 수용할 수 있다. 사람의 마음도 마찬가지다. 한 사람의 마음이 너무 좁으면 뜻하지 않은 사람이나 일을 감당할 수 없다. 불청객이 오면 자신의 인생이 방해받는다고 느끼고 불편할 수 있다. 이런 불편한 감정을 억누르기 위해 부득불 억울함을 느끼며 참고 견디는 것이다.

마음이 넓어지는 3가지 방법

사실 억울함은 도량을 키우는 데 도움이 안 될 뿐만 아니라 몸도 상하게 한다. 오랫동안 억울함을 느끼며 밖으로 표현하지 못하면 보통 두 가지 결과가 나온다. 하나는 '외부'를 공격해 '원망'으로 변하는 것이고, 다른 하나는 자신의 '내부'를 공격해 스스로를 '우울'하게 만든다.

앞의 사례 속 수강생은 바로 첫 번째에 속했다. 아버지의 편애가 그를 더욱 억울하게 했다. 그는 아버지를 원망하기 시작했고, 자신보다 더 센 모든 사람을 원망하기에 이르렀다. 그런 사람을 만날 때마다 분노하고 공격성을 드러냈다. 이것은 그의 인간관계를 망칠 뿐만 아니라 자신의 건강에도 영향을 미쳤다. 누군가 "분노는 다른 사람의 잘못으로 스스로를 벌주는 것이다."라고 했는데 이는 전혀 과장이 아니다.

그로 인해 받는 상처도 작지 않다. 자신이 불공평하게 대우받았다고 느낄 때 자신이 약해서, 또는 다른 이유로 감히 밖에서 싸우지 못하고 자기 내면을 공격할 때 그 사람은 '남들이 자신을 그렇게 대하는 것은 자신이 부족하거나 문제가 있어서'라고 생각한다. 그리고 그 상태가 계속되면 우울증으로 자신과 인생을 의심하고, 심한 경우엔 목숨까지 저버린다.

한 사람의 마음을 크게 넓히려면, 즉 도량을 키우려면 어떻게 해야 할까? 심리학에 '초월超越'이라는 방법이 있다.

인간은 감정이 있는 동물로, 뜻하지 않은 일에 부딪히면 쉽게 감정이 동요되고 정서적 견제를 받는다. 사실 자신과 정서 사이에는 '공간감'이 있다. '초월'은 우리가 구체적인 상황에서 벗어나 더 높고, 더 넓고, 더 효과적인 시간이나 공간 속에서 하나의 사건을 보도록 하는 '공간 감각'을 만든다. 그리고 이렇게 새로운 방법으로 우리가 원하는 효과를 얻을 수 있게 한다.

초월하는 방법은 여러 가지가 있는데, 여기서는 세 가지로 나누어 본다.

1. 위치감지법

사람이 곤경에 빠지는 이유는 보통 자신의 시각에서 문제를 바라보기 때문이다. 그러나 어떤 사람이 아무리 식견이 넓어도 맹점은 있기 마련이다. 위치감지법은 같은 문제를 '다른 위치'와 '다른 각도'에서 바라보게 하는 것이다. 위치와 입장이 바뀌면 문제를 보는 방식이 달라질 수밖에 없다.

앞에서 말한 그 수강생에게 적용한 것이 바로 이 방법이었다. 나는 일단 최면으로 그가 아버지 역할로 들어가 재혼해서 가정을 꾸리는 게 쉽지 않은 것임을 체험하게 했다. 이렇게 자리를 바꿈으로써 그는 아버지가 왜 자신을 그렇게 대했는지 알게 됐고, 아버지도 기가 센 새엄마와 어린 동생을 어떻게 대할지 몰라 어려워했다는 걸 깨달았다. 위치를 바꿔 봄으로써 그는 아버지를 받아들이게 되었고 자신과도 화해할 수 있었다. 최면이 끝난 후, 그는 여러 해 동안 억눌렀던 억울함이 서서히 풀리면서 전체적으로 한결 부드러워지고 온화해졌다.

2. 타임라인: 미래에서 오늘을 보고, 다시 시작하라

흔히 시간이 약이라고 말한다. 그 당시엔 너무 커 보이던 문제도 시간이 지나고 보면 그리 힘들지 않은 문제였다는 것을 느끼곤 한다. 마찬가지로 지금 직면한 어려움은 이 순간에는 숨 막히게 할 수 있지만, 10년 후에 보면 아무것도 아니다. 그러니 타임라인을 통해 문제를 넓게 보라. 그러면 마음이 넓어질 것이다.

3. 더 큰 가치를 보라

같은 일에도 다른 가치가 있다. 누군가가 반지를 잃어버려서 온종일 기분이 좋지 않았다면 그 이유는 그가 반지의 가치만 봤을 뿐 건강의 가치는 보지 못했기 때문이다. 배우자가 부주의해 손해가 났을 경우 나무라는 사람은 재물의 가치만 보고 부부의

정情이라는 가치는 보지 못한 것이고, 자녀가 성적이 좋지 않아 꾸중하는 부모는 성적이란 가치만 보고 아이의 정신 건강이란 가치는 보지 못한 것이다. 이런 예는 일상에서 비일비재하다.

넬슨 만델라가 그의 정적을 용서할 수 있었던 것은 국가 안정과 민족 화합이라는 더 큰 가치를 보았기 때문이다. 의사결정을 할 때 더 큰 가치를 보게 되면 그보다 작은 가치는 잃어도 개의치 않고 오히려 마음을 넓게 가지며 무의미한 싸움은 초월하게 된다. 링컨은 노예제 폐지 법령을 통과시키기 위해 정적들과 친구를 맺었다. 같은 당 사람들은 그가 권력으로 반대편의 당을 없애야 한다고 불만을 터뜨렸다. 하지만 링컨은 "그들을 나의 친구로 삼는 것 또한 나의 적을 없애는 것이 아니냐."라며 웃었다.

억울함을 느끼거나 자신을 괴롭히는 부정적인 감정들을 마주할 때면 이런 초월적인 방법을 써 보자. 아마도 마음이 점점 더 넓어질 것이다. 부정적인 감정을 수용한다고 해서 마음이 넓어질 거라고는 기대하지 마라. 그것을 기대하면 대인관계와 몸이 망가질 수 있다. 가장 좋은 방법은 그 정서를 통해 자신을 인지하고 수련하며 더 순응하며 편안해지는 것이다.

내 허락 없이는
누구도 나에게 상처를 줄 수 없다

누군가가 나를 싫어하면 반드시 나를 좋아하는 사람도 있다

'친구가 여럿이면 길도 많고, 적이 여럿이면 넘어야 할 산이 많다'는 게 어릴 적부터 어머니께 받은 가르침이다. 공자는 '군자는 자신의 입장을 지키면서 남과 화목함을 유지한다'는 처세술을 설파했다. 알려지지 않은 농촌의 아낙네부터 성자인 공자까지 모두 화목하게 지내는 것의 중요성을 알고 있다. 그런데 어디 화목해지는 게 그리 쉬운 일인가.

위챗에서 회사 공식계정을 담당하는 직원이 팔로워 한 명을 차단했다고 했다. 나는 웃으면서 지금 팔로워를 얻는 게 얼마나 어려운 일인데 왜 차단하게 됐는지 그 이유를 물었다.

그는 "단장님, 그 사람은 정말 도가 지나쳤어요. 제가 글을 올리자마자 게시판에 욕설을 퍼부으며 공격해요. 그는 제가 쓴 글 때문에 심기가 불편하다고 말하며 제가 고른 글이 엉터리여서 사람을 오도하거나 해칠 거라고 떠들어 댔어요."라며 억울해했다. 힘들게 글을 썼는데 사람들은 별로 읽지도 않는 데다 많은 공격을 받았으니 그녀가 얼마나 억울했을까?

누구나 다른 사람의 인정을 받기 원한다. 하지만 누군가가 나를 좋아하면 나를 미워하는 사람도 반드시 있다. 어떤 사람이 나를 칭찬하면 누군가는 반드시 나를 비난한다. 사람마다 각기 다른 입장에서, 또 다른 시각에서 우리의 언행을 바라본다. 입장과 시각이 다르기에 결론도 다르다. 그래서 남들이 말하는 내가 진짜 나는 아니다.

공자의 말처럼 '군자는 자신의 입장을 지키면서 다른 사람과 화목함을 유지하는' 경지는 누구나 할 수 있는 것이 아니기에 수양이 부족한 사람들은 쉽게 타인에 대한 공격으로 이어진다.
그렇다면 타인의 공격에 우리는 어떻게 대응해야 할까?

위의 사례자인 직원에게 닥친 문제는 쉽게 해결되는 일이다. 그저 '차단'이나 '삭제'를 선택하면 되는 것이다. 그런 식으로 사람을 공격하는 이들은 상대하지 않는 것이 제일 좋다. 그러나 인생이 그렇게 단순한 것만은 아니다. SNS에서야 차단해 버리면 그만이지만 실제 동료나 이웃, 친지들을 하나씩 차단할 수는 없지 않겠는가.

예전에 중국의 시인 한산은 기인寄人이었던 습득에게 '세상에는 나를 비방하고, 괴롭히고, 모욕하고, 비웃고, 경멸하고, 하대하며, 나를 싫어하고 속이는' 사람들이 있는데 어떻게 해야 하는지를 물었다.

습득은 그냥 인내하고, 내버려 두고, 피하고, 참고, 존경하고, 어울리지 않다가 몇 년 뒤에 다시 그 사람을 보라고 답했다.

우리에겐 습득이 말한 것처럼 몇 년을 기다릴 힘이 없기 때문에 대다수가 상대방을 공격하고 그 사람이 사용한 방법으로 그 사람을 다스리다가 결국엔 자기가 싫어했던 사람처럼 변해 버린다.

다른 사람의 욕설과 공격에 예의를 갖추고 슬기롭게 응대해 상대방과 친구가 되는 방법은 없을까? 물론 그럴 수 있다. 그 방법이 바로 심리학에 있다.

타인의 공격에 대응하는 스마트 언어 패턴

신경 언어 프로그램인 NLP에서 흔히 사용하는 소도구인 '스마트 언어 패턴'이 있다. 사람들과 소통할 때 사용하는 언어를 카테고리로 나누는데 카테고리 '상'에서는 공감대를 찾고, '횡'에서는 선택을 늘리고, '하'에선 구체적인 해결책을 찾는다.

카테고리 '상'이란 행동 너머의 '긍정적인 동기'를 찾는 것이다. NLP는 모든 행위 뒤에는 반드시 긍정적인 동기가 있다고 말한다. 받아들이기 어려운 행동일지라도 그 뒤에 있는 긍정적 동기는 받아들일 수 있다는 것이다.

그렇다면 직원이 차단했던 팔로워가 그녀의 글을 공격한 긍정적인 동기는 무엇일까? 적어도 몇 가지 긍정적인 점을 찾아보면, 그녀가 글을 올리자마자 댓글을 남겼다는 것은 팔로워가 직원의 공식계정을 주목했다는 말이다. 그리고 팔로워는 직원의 글이 다른 사람에게 해를 끼칠까 봐 걱정했는데 이는 팔로워가 착한 사람이고 직원의 이미지를 신경 쓴다는 것을 말해 준다. 팔로워는 어떤 글이 엉터리인지 분별할 수 있었는데 이는 책 읽기를 좋아하는 사람임을 알 수 있다.

자신이 중요하게 생각해 주목하는 것은 다른 사람도 중요하게 생각하는 것이다. 만약 우리가 이 점을 보고 인정할 수 있다면 그 사람은 존중받고, 인정받았다고 느낄 것이고, 누군가 자신을 알아주는 사람이 있다는 느낌에 마음을 열게 된다. 이렇게 되면 이후에 계속 소통할 가능성이 열리는 것이다.

둘째로 '횡' 카테고리의 대화는 같은 차원에서 더 많은 가능성을 보고 단일 이슈에서 벗어나 더 많은 가능성을 보게 한다. 직원이 팔로워의 긍정적인 동기를 충분히 확인한 뒤에 팔로워에게 귀찮아하지 않고 말해 준 것은 고맙지만 비난만 하지 말고 개선을 위한 건의를 해 줄 수 있냐고 말할 수 있다.

마지막으로 '하'의 카테고리를 거치면 구체적인 방법을 찾을 수 있다. 상대방이 비난에서 조언을 주게 되면 아마 우리에게 가치 있는 방법을 많이 알려 줄 것이다. 우리는 여러 방법 중에서 가능한 방법을 선택해서 어떻게 세분화하고 실행할 것인지 팔로워와 토론한 뒤에 감사를 표할 수 있다.

이런 식으로 직원을 공격하던 네티즌은 곧 공짜로 나의 글을 분석하고 조언해 주는 컨설턴트가 될 것이다. 이 얼마나 아름답고 바람직한 일인가? 어제의 적이 오늘은 최고의 업무 파트너가 되는 것이다.

관계가 교착 상태에 빠졌을 때

직원은 내가 가르쳐준 대로 팔로워와의 관계를 재정립하고 많은 배움을 얻었다. 어느 날 그녀는 기분 좋게 달려오더니 이렇게 말했다.

"단장님이 가르쳐 주신 그 방법이 참 좋네요. 지금은 저를 공격하는 댓글이 달리지 않아요. 팔로워들과 좋은 관계를 맺고 있어요. 그리고 지난번에 글을 남기며 욕설을 퍼부었던 그 팔로워도 다시 차단을 풀어 몇 차례 이야기를 나눈 후 저에게 사과까지 했어요. 이렇게 좋은 방법을 공유해 주셔서 감사합니다. 힘들이지 않고 부정적인 댓글의 부정적 에너지를 완전히 긍정 에너지로 바꿀 수 있다니 정말 최고예요!"

물론 SNS상이 아닌 실제로 공격을 당했을 때 적절히 대응하기는 그가 한 것처럼 간단치 않다. 직접 얼굴을 보는 순간 감정의 영향을 받기 때문이다. 그러나 어쨌든 이 방법은 시도해 볼 만하다.

앞으로 타인의 비난이나 욕설, 심지어 공격에 직면할 때, 스마트 언어 패턴을 적용하여 상위 카테고리에서 공감대를 형성한 뒤, 횡 카테고리에서 선택을 늘리고 하위 카테고리에서 구체적인 실행 방법을 찾아보자. 이렇게 하면 동료나 상사와의 관계,

부모 자녀와의 관계, 애인이나 친구와의 관계가 모두 좋아지리라 믿는다.

이제 우리는 더 많은 사람과 친구가 될 수 있고, 심지어 적조차도 언제든 나의 편으로 이끌 수 있다. 이로 인해 우리의 생활은 더욱 조화롭고 아름다워질 수 있을 것이다.

마지막으로 내가 하고 싶은 말은 언어의 공격 앞에 우리는 사실 상처받은 게 아니라 상처받았다고 느끼는 것이다. 우리는 다른 사람의 칭찬에는 미소를 짓고 다른 사람의 비난과 공격에는 분노해서 되받아치지 말아야 한다. 다른 사람이 나를 좋아하든 싫어하든 모두 나와 상관없다고 생각하라. 그저 내 모습 그대로이면 된다. 누구도 내 허락 없이는 나를 해칠 수 없다.

작은 공격에도 휘청이는
가짜 자신감

실패란 없다, 피드백만 있을 뿐

몇 년 전 나는 '지식경제' 순회강연을 하기 위해 여러 지방의
청년위원회 서기를 인터뷰한 적이 있다. 그중에서도 A시의 서기
가 가장 기억에 많이 남는다. 그는 재주가 많은 청년으로 야무지
게 일을 잘해 스물여덟 살에 청년위원회의 서기가 되었다. 그와
함께 일하면서 나는 젊은 에너지가 무엇인지 체감할 수 있었다.
그에겐 못할 일이 없어 보였고 아무리 어려운 문제도 그 앞에선
쉽게 풀릴 것 같았다. 매번 그를 만날 때마다 그는 자신만만한
모습을 보였다.

이후 그는 A시 부시장이 돼 승승장구했다. 그의 인생은 날개를 단 듯 보였다. 하지만 모든 인생엔 굴곡이 있는 법이다. 그는 뜻밖의 사건에 연루돼 교도소에 수감되었고 형기를 다 채운 후 갑자기 증발한 것처럼 사라졌고 누구도 그를 찾을 수 없었다. 그는 꼭꼭 숨어서 다시는 그 누구도 만나려 하지 않았다.

우리는 주변에서 간혹 이런 사람들을 보곤 한다. 돈 많고 권력이 있을 때 그들은 자신만만하고 우쭐해 보인다. 하지만 부와 지위를 잃고 나면 정신적으로 무너져 부정적이고 파괴적으로 변해 세상을 직시할 수 있는 자신감과 용기를 잃는다. 심지어 목숨까지 포기한다.

누구의 인생도 마냥 순탄할 수만은 없다. 오랫동안 친하게 알고 지낸 A 씨는 여러 해 동안 재계에서 일했다. 그는 인생의 워털루 전쟁을 경험한 적이 있었지만, 위의 사례자와 달랐던 점은 인생의 가장 밑바닥에서도 자신만만했다는 것이다.

몇 년 전 그의 회사는 자금줄이 끊어지면서 54억여 원의 거액의 빚을 지게 되었다. 당시 사람들은 그가 삶의 의지를 잃을까 봐 무척 걱정했다. 내가 그를 위로하려 했을 때, 그는 오히려 나에게 감동을 주었다.

"단장님, 저는 괜찮습니다. 단장님이 제게 늘 실패는 없고 피드백만 있다고 하셨잖아요. 저는 단지 잠시 투자했다가 실패했을 뿐입니다. 생명이 살아 있는 한 모든 것을 다시 시작할 수 있지요! 유일한 변화는 이전엔 1등석만 탔지만 지금은 어떤 좌석이든 타게 되었고, 5성급 호텔에만 묵었는데 이제는 여관에 갈 수밖에 없다는 겁니다. 제 삶의 방식이 바뀌었지만 저는 저이지요. 달라진 게 없습니다.”

　그의 말을 듣고 나는 크게 감동했다. 그리고 추스젠이 떠올랐다. 그는 과거 훙탑그룹을 세계 1위의 거대 담배 기업으로 만든 ‘중국의 담배 왕’으로 유명하다. 하지만 이후에 그의 인생은 밑바닥으로 곤두박질쳤다. 뇌물수수 혐의로 무기징역을 선고받은 것이다. 가까스로 보석으로 풀려난 그는 75세의 나이에 아내와 오렌지 나무를 심으며 재창업을 했다. 그리고 ‘추청’이라는 브랜드로 사업에 성공해 다시 한번 레전드로 거듭나게 되었다. 추스젠이 재기에 성공한 나이는 무려 인생의 내리막길이라 불리는 후반부에서였다. 아마도 그는 자신의 인생에 실패의 순간을 떠올려보라는 질문을 받으면 고개를 갸웃거릴지도 모른다. 그에게는 실패보다도 한순간의 실수로 인한 커다란 피드백의 순간만 떠오르기 때문이다. 무엇보다 값진 피드백으로 그는 V자형 반전 인생길을 걷게 되었다.

안타깝게도 대다수 사람은 추스젠과 같은 지혜가 없다. 한 번 정상에 오르면 많은 사람에게 추대받는 인생을 살게 되리라 생각한다. 그리고 한 번 떨어지면 끝없는 나락으로 떨어진다고 느낀다. 왜 자신만만해 보이던 사람이 운이 없으면 그 누구보다 열등감을 느끼고, 누군가는 인생 밑바닥에서도 자신만만할 수 있을까? 도대체 무엇이 자신감인가? 거만해 보이고 안하무인의 사람들이 가지고 있는 것이 과연 진짜 '과잉된 자신감'일까?

자신만만해 보이던 사람이 작은 공격에도 휘청이는 이유

자신감이란, 특정한 상황에 성공적으로 대처하는 능력을 말한다. 마음에서 우러나오는 자기 긍정과 믿음이며, 자신의 역량에 대한 확신이고, 반드시 뭔가를 성취하고 추구한 목표를 달성할 수 있다고 믿는 것이다.

자신감은 보통 어떤 일을 할 수 있는 능력과 관련이 있다. 가령 내가 연설에 재능이 있으면 연설엔 자신이 있고, 노래에 소질이 없으면 그것에는 자신이 없게 된다. 그러나 노래를 잘 못 부른다고 해서 나 자신을 부정하지는 않는다.

어떤 면에서는 약점이 있고 부족한 점이 있어도 나 자신을 의심하지 않고 여전히 '나'라는 인간에 대한 자신감을 느끼는 것, 이런 믿음을 '자존감'이라고 부른다.

자존감은 한 개인이 스스로를 평가할 때 형성되는 자기 효능감, 자기애, 그리고 자아 존중감을 말한다. 자존감은 일종의 자기 가치감이고, 자신에 대한 종합적 가치에 대한 주관적인 판단이다. 만약 어떤 구체적인 일을 특별히 가리키지 않는다면, 일반적으로 사람들이 자신감이라고 부르는 것(예를 들어 "누구는 자신감이 있어 보여.")은 사실 자기 가치감, 혹은 '자존심'에 대해 말하는 것이다. 자존심은 타인이 나를 존중하고 받들기를 바라는 감정을 의미한다.

사람들이 잘난 체한다고 말하는 것은 자신이 잘난 줄 안다는 것이다. 우리 주변에는 늘 자신만만한 모습으로 어떨 땐 좀 으스대거나 다른 사람들을 시큰둥하게 대하는 사람이 있다. 그런 사람의 말을 언뜻 들으면 되게 멋있어 보이고 능수능란하다. 게다가 모르는 것도 없고, 무엇이든 성공할 것 같은 분위기를 풍기며, 한계가 없어 보인다. 그러나 알고 지내다 보면 그는 이상과는 거리가 멀고, 말도 지나쳐 믿을 수가 없다. 시간이 흐를수록 사람들은 그의 삶이 자기를 과시하는 것임을 알게 되고, 그에 대한 신뢰도도 크게 떨어지게 된다.

잘난 체하는 사람들은 자신의 지위와 부가 집단 내에서 하는 역할이나 활용 가능 가치 등을 지나치게 중요하게 여기고, 집단에서 자신의 가치를 과장하는 것을 좋아한다.

이와 비슷한 상태로 자부심과 자만이 있는데 '자부심'은 자기 자신의 능력을 과대평가하고 '자만'은 자신이 남들보다 뛰어나다고 뽐내는 태도를 가리킨다.

위의 정의에서 알 수 있듯이, 한 사람이 자존감을 느끼는 것은 일이나 능력과 무관하다. 그것은 마음에서 우러나오는 스스로를 믿는 신뢰와 어떤 일에도 흔들리지 않는 능력이다. 그러나 과시, 자부심, 자만은 모두 하는 일이나 능력과 관계가 있으므로 능력이나 하는 일에 근거하여 자신을 판단한다. 의지해 오던 능력이나 일이 사라져 버리면 한 사람의 가치관이 전부 무너져 내리는 것이다.

자존감은 외적인 것에 의존하지 않기 때문에 실패나 좌절을 겪어도 일시적이라 생각하고 뛰어넘을 능력이 있다. 실패와 좌절은 결코 자존감이 높은 사람이 가지고 있는 자신에 대한 믿음에 영향을 주지 않는다.

앞서 언급한 그 위원회 서기는 천부적 재능으로 어린 나이에 이미 나라의 미래 역량 인재풀에 들어갔다. 그의 능력은 한 번의 실패로 손상되지 않았을 것이고, 앞으로도 계속 사회에 공헌하는 데 지장이 없었다. 그런데 그는 삶의 자신감을 되찾을 힘이 없었다. 재기할 능력이 없어서가 아니라 자신감을 잃은 것이다.

왜 어떤 사람들은 때로는 자신만만하나 때로는 작은 공격도 견디지 못하는가? 답은 간단하다. 그들은 성공했을 때 자부심, 자기과시, 교만함까지 느꼈다. 안타깝게도 그들은 자신감이 부족했기에 자신이 믿고 있던 일이 좌절되고 실패하니 그 사람 전체가 무너진 것이다.

반면, A 씨는 어려움은 일시적이고 사람은 성장한다는 것을 알고 있었으며, 사람이 평생 경험하는 많은 것 중에 실패는 그중 하나일 뿐임을 알고 있었다. 이른바 '실패'는 일이 기대에 못 미치는 결과를 낸 것뿐이다. 만약 내일도 있고, 일도 아직 끝나지 않았다면 모든 것이 가능한데, 어떻게 실패를 논할 수 있겠는가? 인간으로서의 가치는 자신이 하는 일과 관련이 없다. 그러므로 자신의 가치를 충분히 인정하는 부분에서 일의 성패에 영향을 받지 않는 것이 바로 '자신감'이다.

이를 통해 일반인들이 말하는 자신감을 두 가지로 볼 수 있다.

하나는 자신이 하는 어떤 '일에 대한 자신감'으로, 이 자신감이 지나치면 자만심이 될 수 있다. 이는 사실 일종의 거짓 자신감이자 열등감이다. 자신에 대해 확신이 없어서 무언가에 의존해 자신감을 쌓는 것이다. 마치 자기 인생의 가치는 외적인 성공을 통해서만 증명된다고 여긴다. 이런 자신감은 위험하다. 그런 믿음을 뒷받침할 외적인 것이 사라지면 인생도 함께 무너질 수 있기 때문이다.

또 하나는 '나에 대한 자신감'으로 자신을 믿는 것이다. 다른 사람이 자신을 낮게 평가해도, 좌절이나 실패를 마주해도 스스로가 자신에게 계속해서 빛나는 부분이 있고, 성공할 수 있다는 것을 아는 것이다. 이 자신감은 외적인 것을 잣대로 삼지 않고 마음에서 우러나오는 무조건적인 주관적 믿음에 근거한다. 이것이야말로 진정한 자신감이다.

이러한 자신감은 넘칠수록 평안하고, 자만을 부르지도 않는다. 자신감이 있는 사람은 외부의 것에 근거해서 자신을 증명하려 하지 않고 자신을 믿고 다른 이들을 존중한다.

돈 많은 사람은 자신이 돈이 많다는 것을 굳이 증명할 필요가 없다. 자신감도 마찬가지다. 그래서 잘난 척, 과시, 오만은 자신감 부족의 표현이다. 자신을 믿지 못하기 때문에 다른 것으로 증명해야 하고, 과시함으로써 스스로에게 과도한 보상을 하는 것이다. 다시 말해 자기과시는 열등감의 다른 표현이며, 자부심과 열등감은 동전의 앞뒤처럼 밀접하게 연결되어 있다.

심리학에서 개인은 현실을 외면함으로써 자신의 연약함을 받아들이는 것을 피하려고 한다고 말한다. 약자는 연약함을 느끼지 않기 위해 자기과시, 자부심, 오만함 등의 자기만족으로 스스로를 방어하려 한다. 이러한 방어는 자신의 연약함을 다른 사람에게 숨기고 심지어 자기 자신도 그것을 보지 못하게 한다. 그렇기에 그런 사람은 많은 시간을 자기 기만 속에 살아가며 강해지기는커녕 좌절과 실패를 더 쉽게 겪는 '좌절-열등-방어-자기 맹신'의 악순환에 빠질 때가 많다.

진정한 자신감은 내면에서 성장한다

자만한 것은 자신감이 지나친 것이 아니라 오히려 자아 가치가 부족하다는 외적인 표현으로, 자신에 대한 객관적인 평가에 안 좋은 영향을 준다. 그럼 우리는 어떻게 자만을 바라봐야 할까?

・자신에게 자만이 있다면

잘난 척하거나 자만하는 행동을 할 때면 스스로에게 자신의 가치를 외적인 것을 통해 증명할 필요가 있는지 물어보라. 만약 어느 날 더 이상 부유하지 않고 권력도 없으며 훌륭하지도 않고 남들이 추종하거나 좋아하지 않아도 자신을 있는 그대로 자랑스러워할 수 있겠는가? 만약 우리의 자신감이나 교만이 이런 외적인 것에서 나온다면 자신과 무슨 관계가 있겠는가? 이런 것으로 인해 자부심을 느낀다면, 나의 진정한 가치는 어디에 있는가?

이러한 문제들은 자만심이 바로 열등감에서 비롯된다는 것을 깨닫게 한다. 더는 가면을 쓸 필요가 없다. 스스로 자신의 부족함을 이해하고 받아들여 다시 성장하는 길로 돌아와 자신감의 기운을 안에서 밖으로 발산하면 된다.

· 다른 사람에게서 자만을 본다면

교만한 사람과 가까이 지내야 한다면, 먼저 내 안의 자비를 일깨워 그 사람을 바라보자. 그 사람이 교만한 까닭은, 그의 아주 연약한 내면 때문인 것이다.

강인해 보이는 그의 외모 너머에 숨겨진 연약한 마음을 볼 수 있다면, 그와 실랑이하지 않을 것이다. 이런 사람들을 대할 때는 그들을 잘 인정하고 격려해야 한다. 그들의 내면 속 자신감이 조금씩 높아질 때, 그들은 교만한 상태가 아닌 편안한 상태로 돌아올 수 있기 때문이다.

진정한 자신감은 마음에서 비롯된다. 평화와 기쁨, 그리고 자신의 힘에 대한 확신은 내면에서만 훈련되고 성장할 수 있다. 자아와 환경에 대해 비교적 객관적인 인식을 가지고 가장 진실한 자신을 관찰하고 불완전한 자신을 받아들일 수 있다면, 안정적이고 적절한 자신감과 자존감을 얻을 수 있다. 마음이 성장하는 길로 함께 나아가자.

분노 밑에 숨어 있는
세 가지 폭탄

분노는 그저 일종의 방어기제다

감정에는 긍정적 혹은 부정적인 감정이 있다. 그중 가장 흔히 볼 수 있는 부정적 감정이 바로 분노다. 우리는 늘 분노가 나쁘다고 생각해 왔기 때문에 분노가 느껴질 때면 뇌에서 '어떻게 화를 낼 수 있냐'는 목소리가 새어 나온다. 곧장 어떻게든 분노를 억제하고 억누르려 한다. 그러나 자제할수록 분노는 더욱 거세진다. 그래서 우리는 개똥을 피하듯이 최대한 회피하려 한다. 그러나 존재하는 모든 것에는 합당한 이유가 있다.

그렇다면 분노에도 과연 긍정적인 의미가 있을까?

몇 년 전 회사 동료와 함께 태국 푸껫으로 휴가를 갔다가 귀국하는 날 새벽 2시 비행기를 타기 위해 공항으로 갔다. 탑승 수속을 할 때쯤 우리는 배도 고프고 졸음이 밀려왔다. 하필이면 그날 사람이 많아서 줄을 오래 서게 되었고 다들 돌아가지 못하게 될까 초조한 마음이었다. 그때 갑자기 두 사람이 줄 앞으로 달려가 새치기를 하는 게 보였다. 나는 순간적으로 화가 치밀어 카운터로 달려가 직원에게 항의했다. 내가 분노하자 현장에 있던 모든 이들도 두 승객을 향해 화를 표출했다. 그 두 명은 어쩔 수 없이 제대로 줄을 섰고, 혼돈이 사라져 모두의 권리도 지켜졌다.

분노는 감정의 한 종류이다. 일이 뜻대로 되지 않거나, 욕구가 충족되지 않거나, 자신의 영역이 침범당했다고 느꼈을 때, 공포와 초조함 그리고 무력함이 교차할 때 드는 감정이 바로 분노다.

분노가 나쁠 것은 없다. 그것은 일종의 방어기제로 옳고 그름을 가르게 한다. 다만 스위스 심리학자 베레나 카스트^{Verena Kast}의 말처럼 분노는 어떤 형태든지 환경과 주변 세계에 대한 공격성을 내포하는 경우가 많다.

분노에 지배당하거나 통제당하면 그 정서는 공격적으로 변한다. 자신을 지키기 위해서 우리는 자연스럽게 칼날을 타인에게 겨누게 된다. 분노가 공격성을 띨 때 우리는 스스로 잘못한 쪽이되고, 이전에 내가 미워했던 그 사람이 되고 만다. 분노는 양날의 검과 같아서 우리를 도울 수도 해칠 수도 있다. 이 칼을 제대로 쓰려면 분노 밑에 있는 '빙산'이 무엇인지 알아야 한다.

분노의 배후에는 더 복잡한 감정이 있다

우리가 분노를 느끼는 이유에는 크게 세 가지가 있다.

1. 위험할 때
2. 고통을 느낄 때(육체적으로)
3. 고통스러운 느낌을 받을 때(심리적으로)

고통을 끝내고 위험을 멀리하기 위해 우리는 '분노'라는 감정을 만들어 공격, 도피, 격리 등의 방식으로 스트레스를 푼다.

1, 2번의 경우는 이해가 된다. 우리의 생명이 위협을 받거나몸에 상처가 났을 때 분노하는 것은 당연하다. 분노는 유전자에심어진 우리를 보호해 주는 프로세스로 안전을 지켜주는 에너지이기 때문이다.

3번의 경우를 '고통스러운 느낌'이라고 부르는데 이것은 일종의 심리적이고 주관적인 느낌이다. 다른 사람이 정말 우리를 해쳤는지, 우리가 상처받았는지와 같은 느낌은 보통 과거의 아픈 경험과 관련이 있다. 이것이 바로 사소한 일에도 분노하는 이유다. 사실 사람을 분노하게 하는 것은 바로 눈앞에 벌어진 일 때문이 아니라 그 일이 연상시킨 오래된 상처 때문인지도 모른다.

태국 공항에서 있었던 나의 분노를 예로 들면, 분노는 부차적인 정서이고 그 이면에 더 복잡한 정서가 있다는 것을 나는 알고 있었다. 감정을 추스른 나는 분노의 끝에서 내가 감추고 싶은 고통이 무엇인지를 스스로에게 물었다. 만약 내가 화를 내지 않았다면 무엇을 느꼈을까? 나는 순간적으로 깊은 무력감을 느꼈었다. 불공정한 대우를 받은 뒤에 찾아오는 무력한 고통. 나의 머릿속에는 학교 다닐 때 겪었던 한 장면이 떠올랐다.

당시 학교의 체육 시설은 무척이나 낙후됐었다. 그나마 유일하게 멀쩡히 사용할 수 있는 운동 시설이 탁구대여서 수업시간이면 너도나도 탁구를 치고 싶어 했다. 그러나 우리가 길게 줄을 서서 차례를 기다릴 때면 키 큰 고학년들이 서슴없이 새치기를 했다. 그때의 나는 비교적 말랐고, 싸울 힘도 없었기에 나의 권리가 침해당하는 것을 무력하게 참아내야 했다. 이런 경험으로 인한 억눌린 감정들이 쌓여서 나중에는 비슷한 일이 벌어지면 쌓였던 감정이 폭발하게 됐던 것이다. 사소한 일 하나에도 이상하게 분노하는 데는 이유가 있다. 이런 감정은 가슴에 묻어둔 폭탄과도 같아 비슷한 상황에서 감정이 폭발해 몹시 분노하게 된다.

먼 옛날 인류는 대자연 속에 살았고, 매일매일 자신보다 강한 짐승과 맞서야 했고 항상 위험에 처해 있었다. 이런 상황에서 사람들은 보통 두 가지 반응을 보인다.

- **공격**: 자신 있게 이길 수 있을 것 같을 때는 공격을 선택하고, 동물을 자신의 먹잇감으로 삼는다.
- **도망가기**: 자신보다 더 강한 동물을 만날 때면 도망가는 걸 선택함으로써 자신의 생존과 안전을 보장한다.

이것은 우리 유전자에 남아 있는 생존 패턴이다. 이런 패턴은 인류로 하여금 지금까지 살아남게 하였다. 안타깝게도 오늘날에도 우리 잠재의식에 일단 '위험'하다고 판단되는 일이 발생하면 바로 이런 생존 패턴이 발동해 외부를 공격해 자신을 보호하려고 한다.

이것이 바로 분노의 자연스러운 반응 원리다. 우리가 외부를 공격할 때면 잠재의식 깊은 곳에 감춰진 상처에서 나오는 고통을 더 이상 느끼지 않게 된다. 이것이 바로 대다수 사람이 분노를 선택하는 이유다.

부정적 감정이 아닌 부정적 행위에 주목하라

분노가 치밀어 오를 때 우리는 어떻게 해야 할까? 사실 부정적인 감정은 없고 부정적인 행위만 있을 뿐이다. 분노하는 것은 괜찮지만 분노로 인해 공격적으로 행동하는 것은 문제가 있다. 분노를 표출할 수는 있지만, 분노를 자각하고 그 이면의 '빙산'을 보고 배후의 아픔을 용감하게 느끼고 자신의 무력함을 인정해야 한다. 그래야 '빙산'이 점점 녹고, 자신과 타인을 해치는 공격적인 행동으로 이어지지 않는다.

물론 공격하기는 쉽지만 자신의 마음속에 깊은 상처를 느끼기는 쉽지 않다. 공항에서 분노를 터뜨린 후 나는 불공평한 대우로 인해 받았던 어린 시절의 상처를 보았다. 우리가 용감하게 분노와 마주하고 돌파하면 인생은 한층 더 성장하게 된다.

감정을 인정하고 받아들이는 것은 그것이 옳기 때문이 아니라 각각의 감정이 그 나름의 가치와 존재 이유가 있기 때문이다. 이 모두는 우리가 활용할 수 있는 힘이다. 예를 들면 질투는 우리가 가장 원하는 것이 무엇인지, 그리고 얼마나 갈망하는지를 알려준다. 슬픔은 상처를 치유할 수 있으며, 불안은 미래에 초점을 맞춰 위험을 방지하게 한다. 지루함은 인생의 의미를 깊이 생각하고 행동을 취하게 하여 변화를 만들며, 두려움은 안전에 유념하며 자신이 하는 일에 한계가 있음을 일깨워준다.

감정은 마치 끈질긴 택배기사와 같아서 소포를 받지 않으면 계속 우리를 재촉하며, 자신의 존재를 알린다. 따라서 우리가 부정적 감정에 직면할 때 그것을 먼저 인정하고 받아들이자. 그러면 아마도 그 포장이 마음에 들지 않을 수는 있어도 반드시 우리 자신에 대한 더 많은 인식과 알 수 없는 내일을 직시할 용기를 줄 것이다.

인생의 가장 큰 행복은 어둠에서 빛을 향해 나아가는 순간이라고 한다. 자신의 감정을 받아들이고 마음을 알아챈다면 행복에 이를 수 있다.

슬플 때 마음껏
슬픔을 표출하라

함께 있어도 외로운 사람들

영화배우 짐 캐리가 주연한 영화 〈트루먼쇼〉나 〈덤앤더머〉를 본 적이 있을 것이다. 그는 영화 한 편당 2천만 달러의 출연료를 받는 할리우드 최고의 스타였다. 영화마다 관객들에게 폭소를 터뜨리게 했던 그에겐 시청자의 취향을 저격하는 일이 너무 쉬웠고, 시청자들의 마음을 만족시키기 위해 영화 속에서 망가지고 천덕꾸러기 역할도 서슴지 않았다.

사실 우리 주변에는 짐 캐리 같은 실력자나 유명인은 아니지만 언제든 기쁨과 웃음을 선사하는 사람들이 적지 않다. 예전에

나는 그런 사람들이 부러웠고, 그들의 인생 구석구석엔 햇볕이
충만한 줄 알았다. 심리학의 세계로 들어가서야 햇볕 아래 사람
들에게 미처 알지 못하는 숨겨진 상처가 얼마나 많은지 알 수 있
었다.

수강생 중 꾀돌이 러티엔은 또랑또랑한 목소리와 해맑은 웃
음으로 어디서든 늘 기쁨이 넘쳐났다. 많은 사람이 그녀의 그런
매력을 좋아했고 낙천적인 그녀는 언제나 에너지가 넘쳤다.

하지만 나는 그녀가 내 수업, 특히 치유 수업에 나타날까 봐
겁이 났다. 케이스 스터디를 할 때 내담자를 감정 상태에 들어가
게 해야 하는데 그때마다 그녀가 말을 걸어 슬픈 분위기를 한순
간에 명랑하게 바꾸며 상황을 망쳤기 때문이다. 그녀가 그렇게
하는 이유는 '울고불고하는 장면이 보기 싫어서'라고 했다. 그런
그녀를 보며 나는 그녀가 항상 즐거운 척하지만 속마음은 그렇
지 않다는 것을 느꼈다. 나는 그녀에게 시간이 필요하고 용기도
필요하다는 것을 알고 기다렸다.

게슈탈트 상담 기법 수업을 마친 뒤 그녀는 마침내 가슴이 찢
어질 듯이 펑펑 울었다. 평소 긍정 에너지가 넘쳤던 그녀가 눈물
범벅이 된 것을 보고 다른 학생들도 하염없이 울었다. 그녀가 열
심히 밝은 척을 했던 것은 자신의 세계를 어둡게 하지 않기 위해

서였다.

"어릴 때부터 할아버지와 할머니가 저를 키워주셨고 부모님은 바깥일로 바쁘셨어요. 엄마는 정말 무서웠어요. 엄마가 일하러 갔다 돌아올 때마다 저는 공포에 떨어야 했어요. 한번은 할머니한테서 몰래 5백 원을 훔쳐서 군것질을 하려다 엄마에게 들킨 적이 있었어요. 엄마는 아무 말 없이 부엌에 가서 부엌칼을 집어 들더니 '어느 손으로 훔쳤느냐'고 엄하게 물었는데 저는 너무 놀라 혼비백산했어요."

그녀는 실컷 통곡한 뒤 울먹이며 자신의 이야기를 이어갔다.

"할머니가 돌아가시고 나서 세상이 저를 완전히 버렸다는 생각이 들었어요. 한동안 정말 고통을 마주할 용기도 못 내고 도피하는 법을 배워서 슬픈 일은 무조건 피하게 됐어요. 점점 저는 행복한 사람이 되었고, 저도 제가 정말 즐거워졌다고 생각했는데 그게 아니었나 봐요. 그런데 단장님, 왜 이런 슬픈 일을 끄집어내려고 하나요?"

"평소 혼자 조용히 있을 때 어땠어요?"

나는 그녀의 질문에 바로 대답하는 대신 질문을 던졌다.

"제가 어디 조용히 있을 때가 있나요? 가만히 있지 못하는 사람인 거 아시잖아요. 친구도 많고 하는 일도 많고요. 저는 인생을 즐겁고 충만하게 살 수 있어요."

그녀는 갑자기 다른 사람이 된 듯 눈물 흘리던 모습에서 낙천적인 모습으로 돌아왔다.

"밤이 깊어 혼자 있을 때는요?"

나는 가장 번화한 곳에 외로운 사람들이 많다는 것을 안다.

"거의 잠을 자요. 제 자신을 피곤하게 만들어서 집에 가면 바로 자요."

"잠이 안 올 때는요?"

나는 그녀를 가만두지 않고 계속 캐물었다.

"술을 마셔요. 취하면 잠들 수 있거든요."

그녀의 목소리가 낮아지기 시작했고, 얼굴에는 슬픈 기색이 떠올랐다.

"지금 생활이 정말 즐거우세요?"

그녀는 나에게 대답하지 않았지만, 나는 그녀의 마음속에 이미 답이 있다는 것을 알았다.

슬플 때 슬퍼해야 진정으로 기쁠 수 있다

밤과 낮은 계속 바뀌고, 햇볕이 들면 그늘이 생기고, 즐거움이 있으면 슬픔도 있기 마련이다. 자기 자신에게 여러 감정을 느낄 수 있도록 허락하는 사람이야말로 진정으로 건강한 사람이다.

슬플 때 진실하게 슬퍼하는 사람이야말로 즐거울 때 비로소 진정으로 즐거울 수 있다. 늘 즐거운 것처럼 보이는 사람들도 고통이 있다. 그들은 단지 고통을 무감각하게 차단하고 스스로 즐거워 보이게 하는 것뿐이다.

그들은 왜 그렇게 할까? 이는 그 사람의 대응 패턴과 관련이 있다.

미국의 저명한 심리학자 버지니아 사티어Virginia Satir는 성장 환경에 따라 '비난, 환심 사기, 이성 초월, 말참견'의 네 가지 대응 패러다임이 형성될 수 있다고 보았다. 러티엔과 같은 성격이 대표적인 '말참견' 모델이다. 그들은 아무런 근심 걱정 없이 적극적이고 낙천적으로 보이며 규칙에 제한되지 않고 창의성이 넘치며 사람들의 근심을 잊게 하고 기쁨을 준다. 하지만 불미스러운 일이 있을 때는 어김없이 화제를 돌려 버린다. 그런 사람들은 영원히 무리를 지어 즐거워할 것이다. 그러나 밤이 깊으면 혼자 외로워한다.

모든 사람의 대응 패턴은 어린 시절에 형성된다. 아기 때는 부모님의 스킨십과 말투, 소리를 통해 부모의 뜻을 판단하고 이해한다. 그때의 아기는 아버지의 힘 있는 두 손이나 어머니의 걱정하는 말을 (비록 부모님의 뜻과 다를지라도) 위협적이고 애정이 결핍된 말로 해석할 수 있다. 어린 시절에 너무 많은 아픔을 겪은 아이는 종종 기억을 지우거나 주의를 돌림으로써 고통으로부터 빨리 벗어날 수 있다는 사실을 깨닫는다. 그리고 그 패턴은 성인이 된 이후에도 계속 영향을 미치며 이어진다. 고통스러운 일을 당해도 어떻게든 화제를 돌려 주의를 분산시키고 멀리하고 도피하며, 고통을 느끼지 않으려 한다. 그들이 쾌락을 추구하는 것은 긍정적인 표현으로 보이지만, 사실은 속마음을 감추기 위한 몸부림이다.

감정은 일종의 에너지일 뿐, 좋고 나쁨은 없다

가난한 집안에서 태어난 짐 캐리는 아픈 어머니를 웃기기 위해 어릴 적부터 자신을 우스꽝스럽게 만들었다. 그로 인해 그만큼 웃음 연기를 잘하는 사람도 없었고, 그의 마음속 고통은 점점 더 내면 깊숙한 곳에 숨겨지게 되었다. 이후 그는 우울증 진단을 받았고 대중들에게서 멀어져 갔다.

짐 캐리가 다시 대중들에게 나타났을 때 그는 배우에서 화가로 변신해 있었다. 그는 "여러분은 제 그림에서 제 안의 어둠과 빛을 볼 수 있을 겁니다. 그림은 저를 과거에 대한 후회와 미래에 대한 걱정에서 해방시켜 줍니다."라고 말했다. 그의 말에 나는 크게 감동했다. '즐거움의 함정'에 빠진 사람들 모두가 그처럼 용기와 힘을 갖고 자신을 제대로 들여다보진 못한다.

슬퍼하지 않으려고 하는 사람은 진정으로 기쁨을 느낄 수 없고, 고통스러워하지 않으려는 사람은 행복을 제대로 느낄 수 없다. 끝없이 즐거움을 찾는다는 것 자체가 얼마나 고통스러운 일인가. 우리가 억압과 도피에 익숙해져 고통을 겪은 적이 없는 척하며 스스로 매우 즐겁게 사는 것처럼 보이려고 할 때, 사실 우리는 진정한 즐거움을 얻은 것이 아니다. 단지 고통에 무감각해졌을 뿐이다. 동시에 고통도 억누르고 피한다고 해서 사라지는 것이 아니다. 그것은 잠재의식 속에 깊이 파묻혀 있다. 그리고 비슷한 상황이 벌어지면 괴로운 감정을 느끼게 된다.

모든 감정은 각기 기능이 있고, 좋고 나쁨이 따로 없다. 감정은 자신의 것이다. '긍정적'이든 '부정적'이든 모두 우리 자신의 일부분이며, 에너지이자 생명의 자원이다. 온갖 감정들 앞에서 우리는 그것을 배척하기보다 받아들이고, 그것을 완전히 느낄 줄 알아야 하며, 그것을 거부하거나 무시해서는 안 된다.

음양은 본래 하나이다. 우리가 자신의 감정과 하나가 되고 자아와 깊이 연결되어 여러 다른 감정과 조화를 이룰 때 비로소 에너지가 넘치는 하루를 보낼 수 있다. 자신의 감정을 잘 대할 줄 아는 사람만이 타인의 감정을 잘 읽을 수 있다. 또한 힘을 내어 타인을 이해하고 웃고 있는 가면을 벗을 때 가장 진실한 자신의 모습으로 진정으로 타인을 따뜻하게 해주는 '빛'이 될 수 있다.

질투와 부러움이 만들어낸
'불안'이라는 감정

인간의 천성인 '비교'에서 벗어날 수 있을까?

행복을 논할 때 부탄이라는 나라를 빼놓을 수 없다. 부탄은 세계에서 가장 행복지수가 높은 국가이다. 몇 년 전에 부탄에 가봤는데 그곳은 풍경이 빼어나게 아름다운 것 말고는 경제 상황이 좋지 않아 대부분이 가난했다. 하지만 그들의 순수한 눈빛과 순진한 웃음에서 알 수 있듯이 행복감은 정말 높아 보였다.

중국을 바라보면 개혁개방 이후 40년 동안 놀랄 정도로 발전했지만, 물질적으로 풍요로운 오늘날 대부분의 사람들은 걱정 가득한 나날을 보내고 있다. 일찍이 부자가 된 사람들도 예외가 아니다. 그들의 불안감은 보통 사람들보다 더 심하다. 왜 경제적 조건이 부탄보다 좋은데도 행복감은 부탄 사람들보다 훨씬 못할까?

이 문제에 대한 답은 어렵지 않다. 다음 이야기를 들어보자.

'당신은 그 나이에 무엇을 했는가?'라는 글이 인터넷에서 폭발적인 인기를 얻은 적이 있다.

> 푸이는 세 살에 즉위했다. 당신은 그 나이에 무엇을 했는가?
>
> 왕준개는 17세에 억대 재산을 가졌다. 당신은 그 나이에 무엇을 했는가?
>
> 항우는 24세에 군사를 거느리고 봉기했다. 당신은 그 나이에 무엇을 했는가?
>
> 저커버그는 34세에 72조 원의 재산을 가졌다. 당신은 그 나이에 무엇을 했는가?
>
> 마화텅은 47세에 54조 원의 재산을 가졌다. 당신은 그 나이에 무엇을 했는가?
>
> 빌 게이츠는 60세에 90조 원의 재산을 가졌다. 당신은 그 나이에 무엇을 했는가?
>
> 리자청은 90세에 36조 원의 재산을 가졌다. 당신은 그 나이에 무엇을 했는가? (…)

글을 읽으면 일단 한숨부터 나올 것이다. '그래, 이 나이에 지금 나는 무얼하고 있는가?'

각자 어떤 하루를 보냈든 자신보다 더 뛰어난 사람은 있게 마련이다. 일단 다른 사람과 경쟁하고 비교하기 시작하면 불안하지 않을 수 없어서 필사적으로 앞으로 달려간다. 대다수 사람들의 인생은 이때부터 비슷한 길을 걷는다.

과연 이렇게 살면서 행복할 수 있을까?

중국 속담에 "적음을 근심하지 않고 고르지 못함을 근심한다."라는 말이 있다. 이 말은 우리가 살면서 얼마나 남과 비교하며 사는지를 방증하는 말이다.

비교는 우리에게 불안을 가져다준다. 이전에 나는 부탄 사람들의 행복지수가 높은 이유가 그들의 현재 생활 형편이 대체로 비슷한 데 있다고 생각했다. 그래서 나는 전前 부탄 총리인 지그메 틴레이를 만났을 때 "만약 부탄에 일부 사람이 먼저 부자가 되면 행복지수가 영향을 받지 않을까요?"라고 물었다. 그러자 총리는 단호하게 "영향을 받지 않습니다."라고 답했다.

그는 무슨 이유로 이렇게 확신할까? 잠시 후에 그 이유를 알아보기로 하고 일단 사람들은 왜 끊임없이 다른 사람들과 비교하려 드는지를 살펴보자.

비교를 한자로 쓰면, '比較'이다. '비比'자는 두 자루의 비수匕首처럼 한 줌은 다른 사람에게, 한 줌은 자기 자신에게 꽂혀 있다. 한자의 모양새처럼 남들과 비교하며 더 행복해지려고만 하는 것은 자학하는 것과 다름없다. 그런데도 사람들은 왜 다른 사람과 비교하려 할까?

짧은 이야기를 보자. 두 친구가 숲에서 맹수 한 마리를 만났다. 그러자 그중 한 명은 바로 가벼운 운동화로 갈아신었다. 다른 사람이 말했다.

"아무리 신발을 바꿔 신어도 맹수보다 빠를 순 없어!"

그러자 그 사람은 "난 너만 뛰어넘으면 돼."라고 대답했다. 이 이야기는 사람들이 남과 비교하는 이유를 잘 설명해 준다.

재난이 닥쳤을 때 어떤 사람이 생존할 확률이 더 큰가? 물론 '빨리 달리는 사람'이다. 생존을 추구하는 환경에서는 주변 사람보다 더 뛰어난 사람에게 더 많은 생존 기회가 주어진다.

비교는 인류의 천성天性이자 생존을 위해 반드시 필요한 요소이다. 먼 옛날부터 인간의 생존 본능은 우리의 유전자에 내장된 프로그램과 같았다. 원하든 원치 않든 우리는 이 프로그램으로 인해 자신도 모르게 다른 사람과 비교하게 되었다. 주변 사람보다 뛰어나야 마음 편히 살 수 있기 때문이다.

비교가 인간의 천성이라면 진정한 깨달음을 얻기 전에는 비교와 공존할 수밖에 없다. 멀리할 수 없다면 맞닥뜨리는 게 가장 속 편하다. 그럼 우리는 어떻게 '비교'를 직시할 수 있을까?

질투하기보다 차라리 부러워하라

비교할 때 사람들은 일반적으로 부러움과 질투라는 두 가지 감정을 느낀다. 이 두 감정은 각각의 독립된 개체로 보이지만 실제는 남매와 같아서 그 뿌리는 하나다.

부러움이란 남이 가진 것을 보고 자신도 갖기를 원하며, 자신의 신분이나 업적, 재산 등이 남보다 못하다는 것을 깨닫고 얻기를 갈망하거나 다른 사람처럼 되길 희망하는 감정을 말한다. 부러움은 자신이 선망하는 대상처럼 되기 위해 부지런히 노력하게 만든다. 하지만 그 이면에는 자신이 아직 부족하다는 생각이 크기 때문에 자신감이 없고 자존감이 낮다.

질투는 그 정도가 더욱 심해서 내가 원하는 것을 다른 사람이 갖고 누리는 것을 잃기 바라는 마음이다. 다른 사람이 자신보다 낮은 위치에 있고 좋지 않은 상황일 때 마음의 안정을 찾고 상대방이 우월함을 알게 되면 고통스러운 감정마저 느낀다. 부러움보다 질투가 더 위험한 이유는 질투로 인해 상대방을 얕잡아 보거나 적대시하고 심해지면 공격성까지 동반해 의도치 않게 남을 괴롭히기 때문이다. 질투심이 극에 달할 땐 한을 품고 다른 사람을 파멸시키기도 한다.

누군가 말하길, 한 분야에서 뛰어난 사람이 되기 위해서는 두 가지 방법이 있다고 한다. 하나는 자신보다 특출한 사람을 모두 파괴하는 것이고, 다른 하나는 기초를 잘 다져서 끊임없이 노력하는 것이다. 전자는 '질투', 후자는 '부러움'이다. 언뜻 보면 부러움이 긍정적인 감정처럼 보인다. 하지만 사실 두 감정 모두 자신에 대한 확신이 부족해서 생기는 것이다. 자기가치自己價値가 부족하다고 생각하는 사람은 늘 남과 비교하며 부러움과 질투에 휩싸여 자신의 인생을 깊은 나락으로 몰고 간다.

진정한 행복은 외부에서 오지 않는다

우리가 끊임없이 남과 비교하는 데 익숙한 이유는 자신이 아직 '부족하다'고 생각하기 때문이다. 스스로 부족하다고 느끼는데 어떻게 행복할 수 있으며 어떻게 행복을 만들 수 있겠는가. 앞서 내가 부탄의 지그메 틴레이 전 총리에게 물었던 질문을 기억하는가? 부탄에서 일부 사람들이 먼저 부자가 된다면 행복지수가 낮아지지 않겠냐고 물었는데 그때 그는 이렇게 답했다.

"행복해지는 방법에는 두 가지가 있습니다. 하나는 자신을 중심으로 바깥에서 행복을 얻으려고 하는 것으로 '자극'에 대한 '반응'을 통해 자신을 만족시키는 방식입니다. 오감(시각, 청각,

미각, 후각, 촉각)을 통해 행복의 원천을 얻는 것이죠. 이런 만족은 외적인 자극으로 얻어지므로 짧을 뿐만 아니라 위험합니다.

다른 하나는 자기반성을 통해 안정을 얻고, 마음의 본질에 대한 이해를 통해 안에서부터 자생하는 만족감과 행복감입니다. 이런 종류의 행복감은 어떤 물질에도 의존하지 않습니다. 부탄의 행복은 후자에서 나오기 때문에 경제발전의 영향을 받지 않습니다."

그의 답변은 정말 완벽했다. 그렇다. 중국은 최근 수십 년간 경제적으로 큰 발전을 이뤘지만, 사람들의 정신생활은 그만큼 중시되지 못했다. 절대다수는 지그메 틴레이가 말한 것처럼 외적인 자극을 통해 자신을 만족시키고 물질적인 풍요로움으로 행복감을 얻는다.

하지만 이러한 행복감은 오래 가지 못한다. 바깥에서 행복을 얻으려고 할 때마다 반드시 자신보다 더 나은 다른 사람을 보게 되기 때문이다. 그러면 '부러움'과 '질투'가 서서히 기지개를 켜고 일어나 불안이라는 감정을 만들기 시작한다. 그러기에 우리는 진정한 행복을 얻기 위해 내면의 본질을 이해하고 정신적인 만족을 찾아야 한다.

그러면 어떻게 마음의 본질을 이해할 수 있을까? 부러움과 질투의 두 가지 감정을 사건 해결의 실마리로 사용해 보자. 질투할 때마다, 경쟁자가 원망스러울 때마다 '부러운' 마음을 갖도록 스스로 일깨워보자. 물론 질투를 부러움으로 전환하는 것으로는 해결되지 않을 것이다. 여전히 스스로 자신이 부족하다고 느낄 수 있기 때문이다. 이때 스스로를 일깨우며 자신이 부족한 게 아니라 오히려 더 좋아질 수 있다는 점을 명심해야 한다.

우리의 선조가 살아남기 위해 유전자에 심어 둔 비교 프로그램을 발견한다면 이해할 수 있을 것이다. 매일 더 잘 살아야 하는 이유가 생존을 위해 다른 사람과 비교하기 위해서가 아니라, '더 나은 자신이 되기 위해서'라는 것을 말이다. 이는 보이지 않는 스트레스에서 벗어날 수 있는 방법이다. 마음이 평안할 때 자연스레 행복을 느끼게 된다.

부탄이 행복지수가 높은 것은 부탄 사람들의 빈부격차가 크지 않은 점 외에도 그들의 내면이 건강하고 풍요롭기 때문이다. 어느 곳에든 절이 있고, 거의 모든 사람이 수행하고 있다. 부탄의 경제가 발전함과 동시에 사람들이 외적인 부를 좇기 시작하면 수행을 멈출지도 모른다. 반대로 국가가 경제를 발전시키는 것과 동시에 사람들의 정신 건강을 중시한다면 우리도 부탄처럼 행복지수를 높일 수 있을 것이다.

우리는 항상 행복이 외적인 요인에서 온다고 생각하고 물질적인 풍요를 추구한다. 그러나 물질은 그저 사는 데 필요한 것일 뿐이며, 물질을 추구하는 것이 우리의 행복을 오래 지속시킬 수는 없다. 진정한 행복은 내면의 풍성함에서 온다는 것을 깨닫는 사람이 점점 더 늘어나길 바란다.

2장

내 안의
사고 패턴 전환하기:

왜 내게는
행복한 일상이 없는 걸까?

신념이 행동을 결정하고, 행동이 결과를 결정한다. 거꾸로 말하면, 오늘 삶의 현주소는 과거 행동의 결과이며, 그 행동의 이면에는 반드시 그렇게 하도록 뒷받침하는 신념이 있다. 신념이 변하지 않으면 인생은 과거의 패턴을 반복할 것이다.

우리는 왜 늘 같은 구멍에 빠져 허우적댈까?

왜 어떤 일은 거듭 나타나고 반복될까?

톨스토이는 "행복한 가정은 모두 고만고만하지만, 불행한 가정은 다 저마다의 이유로 불행하다."라고 말했다. 세상엔 다양한 종류의 불행이 있는데 '부모가 불행하니 나도 불행하다'는 것이 그중 하나다.

궈시레이가 바로 그런 여성이었다. 그녀는 나의 '생명 소프트웨어 업그레이드' 수업의 수강생으로, 첫째 날 새까맣고 빛나는 머리에 안경을 쓰고 하얀 티셔츠를 입고 나타났다. 그녀를 보고 나는 똑똑하고 유능한 여성이라는 느낌을 받았다. 그날 그녀는 적극적으로 내게 상담받고 싶어 했다.

내 앞에 앉은 그녀의 두 눈은 충혈되어 있었다. 상담받기를 원했던 적극적인 행동 이면에 묵직한 피로가 숨겨져 있었다. 무슨 상담을 원하느냐고 물었더니 "삶이 너무 피곤합니다. 직장을 여러 번 옮겼는데 업무량이 항상 많습니다. 그리고 상사는 저에게 항상 많은 일을 맡깁니다. 하지만 동료들은 모두 매우 여유가 있어 보여요. 집에 와도 똑같아요. 집안일은 전부 제가 하고 남편은 집에서 아무것도 하지 않고 핸드폰만 들여다봅니다. 제가 얼마나 더 버틸 수 있을지 모르겠어요. 곧 무너져 버릴 것 같아요."라고 말했다.

나의 간단한 물음에 그녀의 마음속 괴로움이 봇물 터지듯 쏟아져 나왔다. 어찌 된 일인지 알 것 같았다. 나는 그녀에게 "직장에서도 집에서도 당신이 가장 힘들고 주위 사람들은 홀가분해 보인다는 거죠? 모든 일이 마치 당신에게만 맡겨진 것 같고요? 직장을 여러 번 옮겼는데도 이런 상황이 바뀌지 않은 게 맞나요?"라고 되물었다.

"네, 그렇습니다."

그녀는 연신 고개를 끄덕였다.

나는 농담 반 진담 반으로 그녀에게 물었다.

"그럼 당신은 이 모든 상황이 자기로부터 비롯됐다고 생각해 본 적은 없나요? 아마 남편을 바꿔도 상황은 마찬가지일 수 있어요."

"그런 생각은 안 해봤는데 제 성격과 관련이 있는 것 같긴 해요. 어떤 일을 아무도 하지 않는 걸 보면 못 견디는 것 같아요. 저는 왜 남편이 집을 어지럽히고 치우지도 않는지 모르겠어요. 어떨 땐 제가 며칠 출장을 다녀오면 집안이 난장판이 되어 있어요. 부드럽게 달래도 보고 큰소리로 닦달도 해 보았지만, 전혀 소용이 없었고 뒷수습은 모두 저에게 돌아왔어요…."

그녀가 계속 불평하는 소리를 들으면서 나는 그녀의 말 이면에 있는 일말의 긍지를 분명히 느낄 수 있었다.

직장에서든 가정에서든 간에 궈시레이는 늘 바쁘고 피곤하다. 일을 바꿔도 마찬가지다. 내 생각으론 남편을 바꿔도 그녀의 생활은 크게 달라지지 않을 것이다. 그녀가 이렇게 된 것은 자신의 내적 패턴 때문이다. 패턴이란 우리 삶에 끊임없이 반복되는 그 사람의 고유한 행동이나 생각, 정서적 반응 등을 포괄하여 이르는 말이다.

'패턴'을 가장 잘 해석한 「인생 5장」이라는 짧은 시가 있다.

제1장

큰길을 걷고 있었는데

인도에 깊은 구멍이 하나 있어서

빠져 버렸다.

길을 잃었다. 절망했다.

이건 내 잘못이 아니다.

많은 힘을 들여서 겨우 기어 나올 수 있었다.

제2장

같은 길을 걷고 있었는데

인도에 깊은 구멍이 뚫려 있었다.

나는 못 본 체하다가

또다시 빠졌다.

나는 내가 같은 곳에 빠졌다는 것을 믿을 수 없었다.

하지만 이건 내 탓이 아니다.

다시 한번 기어 나오는 데 오랜 시간이 걸렸다.

제3장

같은 길을 걷고 있었는데

인도에 깊은 구멍이 뚫려 있었다.

나는 그것이 거기에 있는 것을 보았지만,

그래도 떨어졌다···

이것은 습관이다.

나의 눈은 떠 있었고,

내가 어디에 있는지 알고 있었다.

이것은 내 잘못이다.

나는 즉시 기어 나왔다.

제4장

같은 길을 걷고 있었는데

인도에 깊은 구멍이 뚫려 있었다.

나는 길을 돌아서 지나갔다.

제5장

나는 다른 거리를 걷기 시작했다.

이 시를 읽고 궈시레이의 상황을 살펴보면 이미 그녀가 매번 빠지는 그 '구멍'이 무엇인지 똑똑히 보일 것이다. 내가 하는 일은 그녀 스스로 그 구멍을 보게 하는 것이고, 그다음에 제2장에서 제5장으로 넘어가도록 돕는 것이다. 나는 내담자와 머리를 써가며 대화하는 것을 좋아하지 않는다. 똑똑한 뇌는 항상 여러 가지 이유를 들어 자신이 지금 하는 모든 것이 옳다는 것을 증명하려 한다. 이것을 합리화라고 부른다. 나는 내담자를 이끌고 그의 감정으로 들어가는 것을 좋아한다. 감정은 우리에게 더 많은 진짜 모습을 보여 주기 때문이다. 그래서 이렇게 질문했다.

"이전의 직장생활을 돌이켜보면 늘 그렇게 힘들고 많은 일을 했었죠. 당신의 가정생활을 돌아봐도 그렇고요. 마치 당신의 삶에서 무언가가 조금이라도 부족하면 안 된다고 생각하는 것 같아요. 여기까지 생각해 봤을 때 어떤 느낌이 드시나요?"

"매우 힘들고 피곤해요."

"힘들고 피곤하다고 말하면서도 계속 당신이 원하지 않는 상태를 유지하는 건 뭔가 당신에게 좋은 점이나 가치가 있기 때문이겠죠? 그나마 좋은 점이 있다면 그건 무엇인가요?"

나는 당연히 이런 상황이 그녀에게 어떤 의미가 있다는 것을 알고 있었지만, 그녀에게 먼저 말할 수는 없었다. 그녀 자신이 알아차리는 것이 중요했기 때문이다.

한동안 그녀가 침묵하더니 입을 열었다.

"아무도 하지 않는 것을 보면 참지 못하는 것 같아요. 제가 정리를 해야 마음이 편안해지는 것 같아요. 어릴 때부터 그랬어요. 그런 게 선생님이 말씀한 '가치'인지는 모르겠지만요."

변화는 자신의 패턴을 살펴보는 데서 시작된다

끊임없이 반복되는 행동에는 반드시 숨겨진 '좋은 점'이 있다. 만약 좋은 점이 하나도 없다면, 같은 행동을 이렇게 장기간 반복할 수 없는 법이다. 그녀는 '어릴 적부터'라는 핵심 단어를 언급했다. 이 포인트를 낚아챈 나는 그녀가 자라온 가정에서 답을 찾아보려 했다.

"어릴 때부터 그랬다고 했는데, 혹시 저에게 어린 시절을 얘기해 줄 수 있을까요?"

그녀는 한참을 말없이 창밖만 내다보다가 천천히 말하기 시작했다. 그녀의 기억 속에 어린 시절 부모님은 매우 힘들게 사셨다. 그들은 아침 일찍 일어나서 밤늦게까지 일을 하며 늘 바빴기 때문에, 그녀는 어렸을 때부터 말을 잘 들으며 스스로 일을 찾아서 해야 했다. 그래야 마음이 좀 편안해졌다.

여기까지 들었다면 이제 그녀가 왜 그렇게 바쁘게 살았는지, 늘 자신을 힘들게 하는지 어느 정도 이해할 수 있었을 것이다. 하지만 그녀는 스스로 자신의 패턴을 볼 수 있어야 자연스럽게 변화가 시작된다는 사실을 미처 몰랐다. 나는 그녀에게 강의실에서 두 수강생을 선택하게 하여 각각 그녀의 아버지와 어머니 역을 맡겼다.

당시의 장면을 잘 되살리기 위해 나는 궈시레이 부모 역할을 맡은 수강생의 어깨와 팔뚝, 손에 많은 가방을 메고 들라고 말했다. 그러자 그들은 제대로 서지도 못할 정도로 온몸 가득 가방을 매달았다. 이를 본 궈시레이는 울음을 터뜨렸다.

"당신은 힘들고 지친 부모의 모습을 보았을 때 무엇을 느꼈나요?"

나는 작은 목소리로 그녀에게 물었다.

"마음이 너무 아파요. 그들의 일을 함께 분담하고 싶어요."

그녀는 울면서 엄마에게 걸린 가방을 나눠 가지려 했다.

"안 돼요! 그들은 그들 세대의 운명이 있어요. 당신은 그들을 대신해서 무거운 짐을 질 수 없어요!"

나는 그녀의 행동을 제지하고 그녀에게 다시 물었다.

"그들이 힘들어하는 걸 보니 불안하지 않나요?"

"네, 견디기 힘드네요."

그녀가 훌쩍이며 말했다.

이어 나는 수강생들에게 도움을 청해 아까처럼 궈시레이의 온몸에 더 이상 걸 곳이 없어질 때까지 가방을 걸어 달라고 했다. 나는 이때 그녀의 흐느낌이 이미 멈췄다는 것을 알아챘다. 방금 느꼈던 슬픔과 불안함은 이미 사라졌다.

"지금 느낌은 어때요? 힘들지 않나요?"라고 물었다.

"힘들어요! 하지만 마음이 한결 편안해졌어요."

그녀의 말은 모든 수강생을 놀라게 했지만 나는 이상하다는 생각이 들지 않았다. 이것이 바로 그녀의 '내면 패턴'이었던 것이다. 그녀는 이제야 비로소 자신의 패턴을 깨닫게 되었다.

앞으로 일어날 변화는 그녀의 몫이다.

"이제 당신이 왜 그토록 힘들게 살고 있는지 알았나요? 그렇게 하면 당신의 마음은 편하겠죠. 그럼 우리가 그냥 이대로 당신을 놔두면 될까요?"

나는 가만히 말없이 서 있는 그녀를 바라보며 장난치듯 물었다.

"아니요! 전 이렇게 계속 살고 싶지 않아요. 이러면 다들 힘들고 부모님께도 좋을 게 없는데 내가 왜 이렇게 바보같이 행동했을까요?"

"그럼 어떻게 하면 될까요?"라고 그녀에게 물었다.

그녀의 인생은 오직 그녀만이 결정할 수 있다. 내가 할 수 있는 일은 바로 그녀에게 자신의 일을 직시하게 하는 것이다. 일의 진상을 분명히 본 뒤에는 자연히 그녀 스스로 해결책을 찾을 수 있을 것이다.

문제를 직시한 후 일어난 변화

그다음에 일어난 일에 대해선 일일이 다 설명하지 않겠다. 다만 상담이 끝난 뒤 귀시레이가 숨을 깊게 내쉬면서 굳어 있던 얼굴에 힘이 빠지고 부드러워졌다는 점이다.

어느 날 회사 사장이 나를 칭찬하며 연봉을 인상하겠다고 말한다면 아마도 우리는 무척 기쁠 것이다. 콧노래를 부르며 집에 도착해 가족과 그 기쁨을 나눌 생각으로 문을 열었는데 근심이 가득한 가족의 얼굴을 봤다고 치자. 그 순간 우리는 행복해할 수 있을까? 가족이 즐겁지 않으면 나도 기뻐할 수 없다.

비틀즈의 멤버였던 존 레넌은 '우리가 살아가는 일에 지쳐 가고 있을 때 이미 삶은 우리를 떠나갔다'고 했다. 모든 부모는 자녀가 자신보다 더 나은 삶을 살기를 원하고, 그들 세대처럼 고달프게 살길 바라지 않는다.

이제는 내가 더 잘 살아야 가족의 마음이 편하다고 자신에게 말할 때가 됐다. 자신의 인생을 잘 살고 나답게 잘 살아가는 것이 가족에게 가장 좋은 선물이다! 가족을 위해서 사는 것이 아니라 자기 자신을 위해서 살아가라! 우리에겐 다른 사람의 운명을 짊어질 만한 충분한 에너지가 없다.

내가 원하는 인생은
내 안에 저장되어 있다

뇌도 컴퓨터처럼 바이러스에 걸리지 않을까?

한번은 '인간 소프트웨어 업그레이드' 수업 때 출석을 부르다가 갑자기 컴퓨터가 다운되는 바람에 애를 먹은 적이 있다. 날아간 학생들의 자료를 다시 입력하기 위해서 밤늦게까지 고생해야 했다. 이렇게 컴퓨터가 바이러스에 걸려 다운되는 것처럼 어쩌면 사람의 뇌도 바이러스에 걸리지는 않을까? 만약 사람의 뇌가 바이러스에 걸린다면 어떻게 될까?

모 대학원생이 기숙사 옥상에서 투신했다. 경찰은 추락사로 결론짓고 타살 가능성은 배제했다. 그때 과거 또 다른 박사과정 학생의 투신자살 사건이 떠올랐다. 두 학생 모두 고학력자로 개천에서 용 나듯 어려운 환경을 굳은 의지로 극복한 대표적인 사례로 많은 이들이 부러워했지만, 두 학생은 결국 삶을 포기했고 많은 이들의 안타까움을 자아냈다.

한 사람이 자신의 생명을 포기하기까진 많은 이유가 있었을 것이다. 외적인 어려움도 있고, 내면에 알려지지 않은 고통도 있었으리라. 이에 대해 왈가왈부할 생각은 없다. 그저 일련의 가슴 아픈 일들을 통해 바이러스 때문에 컴퓨터가 다운되듯 한 사람의 인생이 종지부를 찍은 것은 마치 뇌가 바이러스에 걸린 것과 비슷한 게 아닐까 생각해 보았다.

컴퓨터가 다운된 건 어쩌면 가장 최악의 결과이고 사실 다운되기 전에 이미 사용자에게 적지 않은 경고를 줬을 것이다. 그렇다면 인생의 온갖 어려움에 직면한 힘든 상황에서 우리의 뇌에도 어떤 '바이러스'에 걸릴 수 있다는 걸 알려주는 일종의 신호가 있을 것이다.

신념에 따라 사건에 대한 감정과 반응이 달라진다

대부분의 사람은 어떤 '사건'이 사람의 '감정과 행동'을 야기한다고 생각한다. 그러나 심리학자 앨버트 엘리스^{Albert Ellis}는 ABC 이론과 인본주의 접근 등을 통해 인지행동치료를 강조했다. 엘리스는 같은 사건을 놓고도 사람마다 감정과 행동이 다를 수 있다고 보았다.

사건 자체가 그런 반응을 일으킨 것이 아니라 '사건을 바라보는 관점의 차이'가 다른 반응을 낳는다는 것이다. 이 이론에서 관점은 '신념'이라고 할 수 있다. 사건은 우리의 신념 시스템을 자극해 작용하도록 했을 뿐이다. 실제로 작동하는 것은 우리의 '신념'인 것이다.

신념은 생각에서 가장 중요한 요소다. 그것은 한 사람의 행동 방향을 결정하고, 동시에 그 사람이 살아가는 방식을 결정한다. 신념이 사람의 행동을 결정하고 그 행동에 따라 전혀 다른 결과가 나오는 것이다.

미국의 경영학자 스티븐 코비^{Stephen Covey}가 90 대 10의 원칙을 말했는데, 여기서도 똑같은 현상이 나타난다. 그는 삶의 10

퍼센트는 우리에게 일어나는 일에 의해 결정되고, 나머지 90퍼센트는 우리가 일어나는 일에 대해 어떻게 반응하느냐에 따라 결정된다는 것이다. 다시 말해 삶의 10퍼센트는 우리가 통제할 수 없지만, 나머지 90퍼센트는 통제할 수 있다는 얘기다. 이때 우리의 신념, 즉 인생의 소프트웨어가 우리의 행동을 결정하고, 그 90퍼센트의 결정을 내리는 데 막대한 영향을 미친다는 것이다.

어떤 삶을 살 것인가는 우리의 인생 소프트웨어인 '신념'에 달려 있다. 때로는 한 번의 생각 전환이 일평생을 바꿀 수 있다. 내가 아는 한 소녀는 스스로 목숨을 끊으려다 장궈웨이 박사의 말 한마디로 '날개'를 펼쳐 완전히 다른 인생을 살게 되었다.

샤오아이라는 이 소녀를 처음 만났을 때 그녀는 대학교 3학년으로 꽃 같은 외모로 밝은 기운을 뿜고 있었다. 하지만 운명의 장난처럼 그녀는 망막 퇴화라는 병을 얻었다. 시력이 조금씩 나빠지면서 그녀는 점점 의기소침해졌다. 어머니에게 "세상을 못 보게 되는 날 저는 세상을 떠나려고 합니다. 그나마 눈이 보일 때 세상을 잘 보고 싶어요."라고 말했다. 그녀는 이런 가슴 아픈 유서를 남기고 집을 나왔다. 어머니는 어렵게 소녀를 찾아냈고, 스스로 목숨을 끊으려는 그녀를 우리 강의실로 억지로 데려왔다.

장 박사는 샤오아이에게 간곡하게 말했다.

"세상의 빛을 볼 수 없는 것은 정말 고통스러울 거야. 하지만 살다 보면 두 눈보다 더 중요한 기관을 잃는 사람도 많고 그들도 너만큼 고통스러울지 몰라. 우리처럼 몸이 건강한 심리상담 종사자들은 그들의 고통을 이해하기 어렵지만 너는 다르다. 너는 비슷한 고통을 겪어 보았어. 만약 네가 그들을 돕고 싶다면, 이것은 그들에게 특별한 의미가 될 거야. 심리학 공부를 한다면 너는 일반인은 범접할 수 없는 심리상담사가 될 거야."

샤오아이에게 이 말은 한 줄기 빛과 같았다. 아직 세상을 살아갈 이유가 있다는 희망을 심어 준 말이었다. 이후 그녀는 시력은 비록 퇴화했지만, 청각은 오히려 예민하게 변했다는 것을 발견했다. 일련의 배움을 거쳐 지금 그녀는 전화로 상담하는 유명한 심리상담사가 되었다. 자신처럼 인생의 어두운 시기를 보내는 사람들을 고통에서 벗어나게 돕고 있다.

사람의 신념을 컴퓨터 소프트웨어에 비유하면 사람의 소프트웨어도 두 부류로 나눌 수 있다. 하나는 인생을 더 멋지게 바꿔 주는 시스템이고, 다른 하나는 인생을 멈추게 하는 '바이러스'이다. 삶의 희망을 갉아먹는 '바이러스'를 제거해 준 장궈웨이 박사를 만난 샤오아이는 정말 행운아였다. 인생에 늘 그런 운이 따라줄 수는 없는 법이다. 만약 우리가 바이러스를 제거해 줄 수 있는 귀인을 만나지 못한다면 어떻게 해야 할까?

신념이 행동을 결정하고, 행동이 결과를 결정한다

우리 안에 잘못된 신념은 대부분 외부 환경이나 부모와의 상호작용 등이 차곡차곡 쌓여 만들어진다. 예를 들어 어른들이 '암탉이 울면 집안이 망한다'라는 말을 입버릇처럼 하는 것을 듣고 자란 우리는 은연중에 그 같은 신념을 갖게 된다. 이 말은 원래 아침이 밝으면 수탉이 울어야 하는데 대신 암탉이 우는 모양새를 이야기하는 것으로, 여자가 남자가 해야 할 일을 제치고 간섭하면 집안이 제대로 굴러가지 않는다는 뜻이다.

하지만 이런 이야기는 현시대와는 맞지 않는다. 남존여비의 사상이 강했던 구시대적인 발상일 뿐이다. 현재는 업무에 있어서 남녀 구분이 없다. 여성이 해야 할 일과 남성이 해야 할 일이 정해져 있지 않기 때문이다. 여성의 재능을 마음껏 펼칠 수 있는 인프라가 조성된 시대에 맞지 않는 표현이다.

우리 뇌에는 이런 철 지난 신념이 많은데, 과거의 우리에게는 도움이 되었을지 몰라도 지금은 오히려 지장을 주고 있다. 따라서 컴퓨터의 소프트웨어를 업그레이드하듯 우리 뇌 속의 소프트웨어도 지속적으로 업그레이드해야 한다.

내가 가진 신념이 시대에 뒤떨어졌는지 아닌지 확인하려면, 우리가 줄곧 견지해 온 생각이 유효한지 아닌지를 살펴보면 된다. 예를 들어 배우자와 다툴 때, 우리 안에는 이겨야 한다는 생각이 강하다. '상대를 꺾어야 한다'는 생각은 어떤 결과를 가져다주는가? 부부 관계를 유지하는 데 플러스인가, 마이너스인가? 가슴에 손을 얹고 물어보면, 자신의 배우자를 이기려는 것이 얼마나 황당하고 허무한 일인지, 말다툼에선 이겼을지라도 오히려 관계는 더욱 엉망이 된다는 걸 알게 된다.

신념이 행동을 결정하고, 행동이 결과를 결정한다. 거꾸로 말하면, 오늘 삶의 현주소는 과거 행동의 결과이며, 그 행동의 이면에는 반드시 그렇게 하도록 뒷받침하는 신념이 있다.

신념이 변하지 않으면 인생은 과거의 패턴을 반복할 것이다. 신념을 새롭게 바꾸어야 새로운 행동이 나오고, 새로운 행동이 보다 나은 결과를 만들어내기 때문에 운명을 바꾸고 싶다면 반드시 인생 소프트웨어를 업그레이드하는 것부터 시작해야 한다.

삶이 뜻대로 되지 않는다고 느낄 때, 내 안의 어떤 신념이 오늘과 같은 어려운 상황을 초래했는지, 어떤 생각이 이러한 곤경에 빠지게 했는지 자문해 보자. 그리고 머릿속에 떠오르는 생각을 하나하나 써 내려가며 자신에게 물어보자. 그 생각들이 나의 인생을 더 풍요롭게 만드는지, 혹은 악화시키는지를 말이다. 컴퓨터를 오랫동안 별 탈 없이 사용하기 위해서는 가끔씩 업그레이드를 해줘야 한다. 우리의 뇌도 마찬가지다. 케케묵은 먼지가 쌓여있는 뇌에 신선한 바람을 쐬어주는 것이 중요하다.

인생을 망치는
습관적인 패턴

문제에 대응하는 습관적인 패턴

옛말에 "인생이란 십중팔구가 뜻대로 되지 않는 법이다."라는 말이 있다. 그만큼 살다 보면 예상대로 되지 않아 좌절이나 어려움을 겪을 때가 있다. 이럴 때 여러분은 어려움 앞에서 어떻게 반응하는가?

멘토 양성반을 만든 이래로 어느덧 400명 가까운 멘토가 배출되었다. 나는 멘토들을 위한 위챗 단체 채팅방을 만들어서 함께 토론하고 배우며 성장할 수 있도록 했다. 하지만 아무리 열심히 운영을 해도 내가 직접 이 방대한 그룹을 관리하다 보니 중구난방이 되기 십상이었다. 어느 날 저녁, 한 분이 내게 오더니 다른 사람들의 이야기 주제가 흥미롭지 않아 실망했다며 멘토 역할을 그만두겠다고 했다. 나는 그의 말이 단순히 그룹을 탈퇴하는 문제를 떠나 그가 인생의 패턴을 선택하는 문제로 느껴져 마음이 좋지 않았다.

다른 사람의 생각과 자기 생각이 다를 때 어떤 사람은 포기하거나 도망가고, 어떤 사람은 상대방을 경멸하기 위해 이른바 '악플'을 단다. 심리학에는 '투쟁 – 도피 반응fight or flight response'이란 것이 있다. 이는 우리가 배치되는 의견을 만났을 때 흔히 보이는 두 가지 대응 패턴으로 싸우거나 혹은 회피하는 반응이다. 이외에도 어떤 사람들은 어려움을 외면하고 존재 자체를 무시하거나 합리화하기도 한다. 공격하고 도망치거나 무시하는 것은 사람들이 문제를 대하는 습관적인 대응 패턴이다.

20여 년 전에 나는 다른 주주 네 명과 함께 회사를 차린 적이 있었다. 그중 장씨 성을 가진 주주 한 명이 매우 총명하고 재능이 있어서 나는 그가 무척 마음에 들었다. 당시 우리는 대형 포럼을 열어 유명 경제학자와 기업인들을 초청했다. 안타깝게도 그해 우리는 사업 부진으로 30만 위안(한화 약 5,300만 원)이 넘는 적자를 봤다. 그때 가장 똑똑하고 재능 있는 주주는 회사를 떠나고 말았다. 그 후 일정한 간격을 두고 직장이 바뀌었다며 연락이 오더니 나중엔 감감무소식이었다.

정말 똑똑하고 대응 속도가 빠른 인재라 해도 어려움이 닥쳤을 때 취하는 대응 패턴은 '도피형'이었다. 어려운 상황에 재빨리 탈출하는 것은 그의 인생에서 아주 작은 일일지 모르지만, 이를 통해 한 사람의 인생 대응 패턴을 여실히 알 수 있었다.

오늘 여기서 도망가면 내일은 또 다른 곳에서 물러날 수 있다. 세상사가 생각대로 이루어지지 않기 때문이다. 이 세상에 끝이 있다면 아마도 더는 도망갈 수 없는 막다른 곳까지 도망가고 말 것이다.

이와 반대로 '공격형' 패턴을 지닌 사람은 어려움이나 다른 의견 앞에서 비난을 퍼붓거나 책임을 다른 사람에게 전가하는 방식으로 스스로 성공한 사람이 된 것처럼 곤경에서 벗어나려 한다. 이런 방식은 당장의 책임에서 벗어날 수 있을진 몰라도 결국엔 가는 곳곳마다 적을 만들게 될 것이다.

공격형 vs 도피형

그렇다면 공격형과 도피형 중 어떤 것이 나은 것일까? 심리학 연구에 따르면 공격과 도피 그리고 무시는 인간의 생존 본능이다. 이길 수 있을 것 같으면 때리고, 이길 수 없으면 도망치고, 이길 수도 도망칠 수도 없으면 아예 그 존재를 무시해버린다. 사실 이 세 가지 본능은 모두 최선의 접근이 아니라 동물의 가장 기본적인 생존 본능일 뿐이다. 그러나 우리 인류는 지혜로운 존재다. 우리가 이런 원시적 대응 본능에 머물러 있다면 동물과 다를 바가 없다.

그렇다면 우리는 어떻게 해야 할까? 어려움 혹은 위기 앞에서 어떻게 상황을 개선할 수 있는지 자신에게 먼저 물어보자. 도망치거나 수수방관하는 사람이 아니라면 길을 만들어 나가는 사람이 되어보자. 스스로 길을 만드는 사람은 자신의 능력과 관계없이 책임을 지는 사람을 뜻한다. 난처한 상황을 겪었을 때 책임을 지려는 자세를 갖춘 사람은 머지않아 어려움을 해결할 수 있을 것이다.

앞에서 말한 상황처럼 사업 부진으로 경영악화를 겪었을 때 도망을 가거나 무시하지 않고 건의하는 쪽을 선택할 수도 있을 것이다. 아니면 자신이 할 수 있는 일을 찾아서 구성원과 소통하며 해결책을 구할 수도 있을 것이다.

어떤 패턴이든 일단 한 번 자리를 잡으면 그 사람은 어디서나

같은 패턴으로 문제 상황에 대응한다. 결혼하고 가정을 꾸리고 나서도 마찬가지다. 문제 있는 가정을 살펴보면 쉽게 알 수 있다. 그들은 서로를 공격하다 이혼하고 도망치거나, 문제를 등한시하며 냉랭하게 살아갈 것이다. 반대로 행복한 가정은 어떤 문제든 먼저 책임을 지려 하고 문제를 해결하기 위해 '길을 만드는 사람'이 반드시 있다. 물론 가족 모두가 길을 만드는 사람이 되어 일심동체로 문제를 해결해 나가는 가정은 두말할 것 없이 가장 바람직한 모습이다.

낙관자와 비관자의
사고 패턴

기쁨은 여러 감정 중 겨우 7분의 1을 차지한다

얼마 전 오랜만에 친구와 밥을 먹었다. 회사 고위간부였던 그는 임원과 생각이 맞지 않아 온몸이 밧줄에 꽁꽁 묶여 있는 듯한 느낌을 받았다고 했다. 결국 무기력함과 해결되지 않는 답답함에 시달리다 마침내 창업을 하게 되었다.

그런데 고통에서 해방된 줄 알았던 친구의 안색이 좋아 보이지 않았다. 뒤늦게 창업의 어려움을 겪는 것 같았다. 예전과 달리 지금은 스스로 모든 일을 자유롭게 결정할 수 있고 누구의 제약도 받지 않아 홀가분하지만 기술만 배워 온 그가 경영, 재무,

판매, 협력 등의 업무까지 하려니 골머리를 앓을 수밖에 없었다.

그의 창업 경험을 듣고 있으니 누군가가 떠올랐다. 나는 일전에 세계 500대 회사로 꼽히는 곳에서 업무를 했던 경험이 있는 마케팅 매니저를 면접한 적이 있었다. 그에게 왜 좋은 회사를 떠났는지 물으며, 그 일이 얼마나 많은 사람이 꿈꿔왔던 일인가를 아는지 물었다. 그러자 그의 대답은 나를 매우 놀라게 했다.

"사람들에게 이 회사는 정말 좋아 보일지 모릅니다. 이름만 대면 아는 명망 있는 회사니까요. 하지만 우리 내부인들은 이 기업의 속이 썩어 있다는 걸 알고 있습니다."라고 답했다. 그가 이렇게 유명한 기업조차도 썩어 있다고 느낀다면, 그의 눈에 우리 회사는 얼마나 구제 불능으로 비치겠는가? 설령 그가 정말 재능 있는 사람일지 몰라도 이런 사람은 채용하기가 겁이 났다. 나중에 듣기로 그는 회사를 여기저기 이직했다고 한다. 어딜 가나 그의 눈에 곪아 터지기 일보 직전인 부분이 보였기 때문일 것이다.

일과 마찬가지로 결혼도 그렇다. 나는 재혼한 사람들을 많이 상담했는데, 그들은 첫 번째 결혼에서 상대방에게 무척 실망하고 이혼한 뒤에 새로운 남편 또는 아내를 만나면 인생이 더욱 좋아지리라 기대했다. 전혀 다른 누군가와의 결혼에 또다시 새로운 고통이 있을 줄은 생각하지 못했다고 털어놓았다. "왕자와 공주는 결혼하고 오래오래 행복하게 살았습니다."라는 이야기는 동화에나 나오는 결말이다. 사실은 이쪽 불구덩이에서 다른 쪽 불구덩이로 옮겨가는 게 현실이다. 상황이 바뀌어도 고통은 계속된다.

살면서 우리는 '기쁨, 분노, 걱정, 사색, 슬픔, 공포, 놀람'과 같은 일곱 가지 감정을 느끼며 산다. 그중 기쁨은 겨우 7분의 1에 불과하다. 여러 감정 가운데 오로지 기쁨만 느끼며 살 수는 없는 노릇이다. 하지만 어떤 사람들은 늘 풍요롭게 기쁜 시간을 보내고 또 어떤 사람들은 늘 고통 속에 허우적대기만 한다. 왜 이런 차이가 나는 것일까? 이것은 모두 운명이고 팔자일 뿐일까? 아니면 알려지지 않은 비밀이 있는 것인가?

고통을 멀리하고 기쁨을 느끼는 법

한번은 밤중에 소변을 자주 지리고 심지어 침대에 오줌을 싸서 힘들어하던 사람이 심리상담사를 찾아와 치료를 받은 적이 있었다.

얼마 지나지 않아 친구가 그에게 아픈 건 다 나았냐고 물었다. 그러자 그는 다 나았다고 답했다. 친구는 다행스럽다는 눈빛으로 "그럼 이제 침대에 오줌 싸는 건 없어졌어?"라고 물었다. 그런데 그는 "아니, 여전히 소변은 지리지."라고 대답했다. 친구는 그런데 왜 다 나았다고 이야기했는지 물었다.

그러자 그는 친구에게 "이제 나는 침대에 오줌을 싸는 것이 고통스럽지 않거든!"이라며 밝은 얼굴로 대답했다.

이 이야기는 심리 치료의 정수를 설명하기에 딱 알맞은 이야기다. 심리상담사의 존재 가치가 바로 여기에 있다.

사람의 고통에는 신체적 고통과 심리적 고통이 있다. 몸에 병이 있어 아픈 것은 신체적 차원의 고통이며 육체적 고통이다. 병에 시달리면서 마음이 힘들어지는 것은 심리적 고통이다. 이 두 가지 고통은 나눌 수 없으며 서로 연결되어 있다. 육체적으로 느끼는 고통은 심리적 고통을 초래하고, 정신적 고통은 역으로 신체에 영향을 줘 질병을 더욱 악화시킨다.

그렇다면 신체적 고통이 심리적 고통을 초래하는 것일까? 아니면 심리적 고통이 신체적 고통을 초래하는 것일까? 이는 마치 '닭이 먼저냐, 알이 먼저냐'처럼 딱 잘라 말하기 어려운 부분이다. 사실 이 둘은 서로 원인과 결과를 제공하며 순환한다.

그러면 어떻게 해야 고통을 멀리하고 기뻐할 수 있을까? 내가 내린 답은 잘하는 데서 시작하라는 것이다. 만약 의사라면 당연히 신체적 고통을 해결하는 것부터 시작할 것이다. 하지만 대다수의 사람들은 의사가 아니니 심리적으로 접근하는 것이 좋을 것이다. 앞서 말한 환자처럼 만약 기쁨이 가득하다면, 설령 몸이 바로 낫지 않는다고 할지라도 긍정적이고 낙관적인 마음가짐이 병을 치료하는 데 큰 도움이 될 것이다.

이것이 '몸의 질병을 고치기 위해선 먼저 마음의 치료가 필요하다'고 하는 이유다. 설사 병을 치료할 방법이 없다고 하더라도 적어도 그는 자신이 마음먹은 것에 따라 인생을 즐기며 살 수 있다. 신체적 질병과 관련된 고통을 제외하면 인생의 대다수 고통은 정신적인 것이다. 이야기 첫머리에 든 두 개의 예시 속 고통은 모두 심리적 고통이다.

그렇다면 심리적 고통 앞에서 우리는 어떻게 해야 하는가?

어딘가에 숨겨진 좋은 점을 찾아라

언젠가 나는 너무 다른 한 쌍의 부부를 상담한 적이 있다. 아내는 계획적이어서 모든 일을 체계적으로 처리했다. 남편은 정반대여서 마음대로 하는 것을 좋아했다. 아내는 항상 상식 밖으로 일을 처리하는 남편 때문에 힘들어했다. 남편 또한 아내의 규칙과 계획적인 점 때문에 감옥에 갇힌 것처럼 답답하다고 했다. 그는 늘 무언가에 억눌린 느낌을 받아 벗어나고 싶어했다. 이로 인해 두 사람은 늘 언쟁을 해야 했고 갈등은 점점 고조되었다.

나는 상담하면서 단지 몇 가지 질문만으로 이들을 화해시켰다. 아내에게는 이렇게 물었다.

"영화를 볼 때 영화 속 이야기가 모두 자신의 생각대로 진행되면 재미있을 것 같습니까?"

아내는 물론 "아니요."라고 답했다. 나는 다시 그녀에게 "항상 계획이 있어야 한다고 강조하는데, 당신은 남편이 계획대로 꽃을 보내 주는 것이 좋습니까? 아니면 불시에 서프라이즈로 받는 것이 좋으세요?"라고 물었다. 이 이야기를 들은 그녀는 넌지시 웃었다. 사실 그녀는 남편이 모든 것을 계획적으로 하길 바라는 것은 아니었다. 남편의 불확실함이 주는 즐거움을 누리면서도 그것이 그녀에게 피해를 준다고 불평했던 것뿐이다.

이번에는 남편을 향해 질문을 던졌다.

"뭐든지 마음대로 하려는 당신에게 계획적인 아내가 없다면 당신의 삶은 어떻게 될 것 같으세요?"

그는 멋쩍어하며 대답했다.

"엉망진창이 될 겁니다."

즉, 그는 부인의 계획적인 면이 그의 삶에 주는 좋은 점을 누리면서도 그런 점 때문에 치러야 할 대가는 거부하고 있었던 것이다.

이것이 바로 이 부부가 서로의 특성을 싫어하면서도 헤어질 수 없는 이유였다. 어떤 상황이든 합리적인 이유가 있게 마련이다. 어쩌면 우리가 미처 의식하지 못한 좋은 점이 어딘가에 숨어 있을 수도 있다.

일은 항상 동전의 양면 같아서 좋은 점이 있으면 나쁜 점도 있기 마련이다. 일의 폐단을 거부하려 할 때 우리는 추구하던 좋은 점도 잃을 수 있다. 사람은 자신이 치러야 할 대가만을 생각하느라 좋은 점은 보지 못할 때가 많다. 이것이 심리적 고통을 일으키는 원인 중 하나이다. 반대로 우리가 가진 것을 먼저 돌아보고 감사할 때 우리는 더 많은 것을 얻을 것이고 치러야 할 대가는 받아들일 수 있는 범위 안에서 통제할 수 있을 것이다.

나는 이 부부를 상담하면서 남편이 아내에게 "당신의 계획으로 인해 안정적인 미래가 보장되었어요."라고 말하게 했다. 또 아내는 남편에게 "당신의 자유로운 성격이 내 삶에 즐거움을 주었어요."라고 말하게 했다. 그러자 그들 사이를 가로막고 있던 단단한 빙하가 순식간에 녹아내렸다.

낙관자와 비관자의 사고 패턴 차이

자신이 가진 것을 소중히 여기고 감사를 표시하는 것은 심리적 고통을 없애는 가장 효과적인 방법이다. 이보다 더 좋은 방법은 없다. 미국 긍정심리학의 아버지인 마틴 셀리그만^{Martin} ^{Seligman}은 방대한 연구를 통해 즐겁고 행복하게 사는 사람과 고통스럽게 사는 사람(셀리그만은 '낙관자'와 '비관자'라고 부른다) 간에 세 가지 흥미로운 사고 패턴의 차이가 있음을 발견했다.

1. 시간을 바라보는 프레임에 차이가 있다.

뜻대로 되지 않는 일에 대해서 낙관적으로 생각하는 사람은 그 일이 일시적일 거라고 생각한다. 그러나 비관적인 사람은 이것을 장기적, 심지어 영구적이라고 생각한다. 이와 반대로 낙관론자는 좋은 일은 장기적인 것으로, 비관론자는 일시적인 것으로 생각한다.

2. 예외적인 것과 보편적인 것을 이해하는 데 차이가 있다.

낙관적인 사람들은 어려움을 맞닥뜨리면 그저 개별적이고 독립적인 사안일 뿐이라고 생각한다. 하지만 비관론자들은 이것이 그의 인생에 보편적인 일상이라고 받아들인다. 또한 반대로 낙관론자들은 좋은 일은 보편적으로, 비관론자들은 예외적인 것으로 생각한다.

3. 행동과 특성을 이해하는 데 차이가 있다.

성취에 대해서도 두 패턴은 확연히 다른 차이를 보인다. 낙관적인 사람은 공을 자신에게 돌리며 능력이 있어서 이런 성취를 얻었다고 생각한다. 그러나 비관적인 사람은 성취를 올바른 행동에 대한 보답일 뿐 자신의 특성과는 관계가 없다고 생각한다. 그러나 반대로 잘못한 일에 대해선 낙관론자들은 자신의 '행동'이 잘못돼서 일어난 일이니 고치면 된다고 생각한다. 그리고 나중엔 반드시 더 잘하겠다고 다짐한다. 하지만 비관론자들은 자신의 '능력'이 부족했기 때문이며 자신의 문제가 잘못을 초래했다고 생각한다.

위 연구에서 알 수 있듯이 즐거움이나 고통은 우리가 선택한 하나의 삶의 패턴일 뿐이다. 자신이 처한 환경이나 경제적인 여건과 아무런 관계가 없다. 만약 내면의 패턴을 바꿀 수 있다면, 다시 말해 비관적인 관점을 낙관적으로 바꿀 수 있다면 자연히 우리가 처한 환경이나 경제적인 상황도 따라서 변할 것이다. 이것이 바로 행복한 사람들이 비교적 풍요롭게 살아가는 이유다. 부유해서 즐거운 것이 아니라, 그들이 즐거워서 부유해진 것이다.

현재 직장이나 업무에 불만이 많아 이직을 생각하거나 배우자가 마음에 들지 않는다면 먼저 내면의 패턴부터 바꿔 보자. 패턴의 전환은 지금 가지고 있는 모든 것에 감사하는 데서부터 시작된다.

21세기 도시 역병, '미루기'

변화를 갈망하면서도 "나는 할 수 없어!"라고 말한다.

한 부부가 실직 후 온종일 집안에 틀어박혀 게임만 하는 아들 문제로 상담을 요청했다. 이 부부는 둘 다 수입이 넉넉하지 않아 자녀의 대학 학비도 빠듯하게 댔다. 아들이 대학을 졸업하면 부모의 짐을 떠맡아 가족의 생계를 도와줄 것이라 믿었다. 하지만 아들은 부모의 고통을 나누려 하지 않았다. 부부는 이런 아들의 모습에 속상해했다.

현재의 상태를 완전히 바꿔 바람직한 삶을 살고자 하는 사람,

즉 '현실 돌파'를 꿈꾸는 사람은 그다지 많지 않다. 부부는 설령 자신은 못하더라도 자녀가 그 꿈을 대신 이뤄주기를 바랐다. 그러나 많은 사람이 그저 아름다운 꿈을 품고만 있을 뿐 지나온 날들을 무한히 반복하는 삶을 살고 있다.

왜 어떤 사람들은 중요한 일을 해야 한다는 것을 뻔히 알면서도 하지 못하는 것일까? 반면 왜 어떤 일은 하지 말아야 한다는 것을 알면서도 지치지 않고 거기에 중독까지 되는 것일까? 운동을 해야 한다는 걸 알면서도 방 안에 틀어박혀 인스턴트 음식으로 저녁을 때우고, 일찍 자고 일찍 일어나야 한다는 것을 알면서도 밤늦게까지 스마트폰을 만지작거리며 피곤한 몸으로 출근을 한다. 자신을 바꾸고 적극적으로 나아져야 한다는 걸 알면서도 매일 과거의 생활을 반복하며 그저 마음 가는 대로 인생을 마구잡이로 산다. 왜 그런 것일까?

우리는 '바뀌어야 한다, 달라져야 한다'고 스스로 타이르면서도 그냥 넘어갈 때가 있다. 이것이 바로 미루기다. 미루는 증상을 어떻게 치료할 것인가에 대하여 이미 너무 많은 사람이 '처방'을 내놓았다. 사람들은 미루는 증상을 없애기를 갈망하지만, 대부분은 '변화를 갈망하는' 차원에 그치고 실행에 옮겨야 할 때면 '나는 할 수 없다'는 한마디로 모든 처방을 무력화한다. 과연 사람들이 미루기를 '21세기 도시 역병'이라고 규정할 만하다. 이 고질병을 치료하는 근본적인 방법은 병의 근원을 찾는 것이다. 미루기 또한 그렇게 해결해야 한다.

어쩌다 미루는 습관이 생겼을까?

중국 왕양명王陽明은 지知와 행行은 하나가 되어야 한다는 '지행합일'을 주장했다. 그리고 알고도 그렇게 하지 않는 것은 알지 못하기 때문이라고 말했다. 나는 이 관점에 매우 동의한다. 대부분 우리가 알고는 있지만 실천하지 못하는 것은 결국 완벽하게 알지 못하기 때문이다. 현상을 넘어 본질을 보고 실상을 더 많이 볼 수 있을 때 미루는 문제는 쉽게 풀릴 수 있다.

앞서 이야기한 부부의 아들을 다시 살펴보자. 그는 왜 집에 틀어박혀서 일을 찾지 않을까? 도대체 무엇이 그의 인생을 붙잡고 있는 것일까?

미국의 저명한 심리학자 버지니아 사티어는 만약 문제가 있는 아이가 있다면 이는 문제를 아이에게서 찾을 게 아니라 부모에게서 찾아야 한다고 했다. 나는 그 부부의 아들 문제가 결국 부모의 문제일 것이라고 짐작했다. 역시 부모와 소통하면서 나는 아들에 대해 더 많은 것을 알게 됐다. 알고 보니 외아들인 그는 부모의 보살핌을 받으며 순종적으로 성장했다. 대학을 졸업한 후 그는 다른 도시에 가서 2년간 일했다. 하지만 부모님은 마음을 놓지 못하고 아들이 돌아오기를 바라며 고향에서 결혼할 여자까지 찾아 놓았다. 그는 부모의 뜻에 따라 고향으로 돌아왔지만 그의 상태는 결국 무기력한 실직자의 모습이 되었다.

이미 짐작했겠지만, 부모는 아들이 어른이 될 때까지 가야 할 길을 닦아 주었다. 한마디로 이들은 헬리콥터 부모였던 것이다. 그의 인생 전반을 부모가 좌지우지하는 과정에서 그는 완전히 자신을 잃어버렸다. 자신의 가치는 매우 낮다고 생각하고 보호받는 데 익숙하다 보니 미지의 세계가 주는 두려움 앞에 용기 있게 나설 수 없었던 것이다.

어떤 일을 당분간 안 하는 것도 미루는 거라고 생각하는 사람이 많다. 그러나 '늦추는' 것과 '미루는' 것은 다르다. 늦추는 것은 더 중요한 일이 있기 때문에 어떤 일을 잠시 미루고 급한 일을 마친 뒤 하는 것이다. 일의 완급과 경중을 구분하는 것은 정상적인 행동이다. 그러나 미루는 것은 이와 달리 중요한 일을 당장 하지 않고 대수롭지 않게 여긴다. 심지어 중요하지 않거나 지루한 일에 시간을 쏟기도 한다. 미뤄진 일은 한 번 포기하면 평생 다시 손에 넣지 못할지도 모른다. 사람들 대부분은 원래 더 잘 살 수 있었지만, 안타깝게도 아름다운 인생은 매번 이렇게 미루는 증상에 의해 엉망이 되어 버린다.

미루기의 근본 원인은 낮은 자기 가치이다

사람에겐 선천적으로 갖고 태어난 두 가지 감정이 있다. 바로 '사랑'과 '두려움'이다. 두려움은 인간의 생존을 위해 만들어진 것으로, 불확실한 요소 앞에서 누구나 느끼는 감정이다. 이때 안전하게 자신의 생존을 확보하기 위해서 사람들은 각종 장벽을 설치한다. 다만 이 장벽들은 스스로를 보호하는 동시에 인생의 수많은 가능성을 제한한다.

두려움은 모든 사람이 느끼는 감정이라는 걸 우리는 알고 있다. 그런데 왜 어떤 이는 두려움으로 땅만 보며 살고, 어떤 이는 오히려 자신의 한계를 뛰어넘어 더 나은 인생을 사는 것일까?

다시 아이의 성장 과정으로 돌아가 보자. 대체로 자녀가 얌전하고 말을 잘 듣기를 원하기 때문에 우리는 각종 울타리를 설치한다. 그리고 자녀가 통제 가능한 안전 범위 내에서 생활할 수 있도록 제한한다. 이는 두 가지 결과를 낳을 수 있다.

하나는 앞에서 말한 '미루는 아이'처럼 정말 얌전하게 말을 잘 들어 울타리 내의 공간에서만 사는 데 익숙해지는 것이다. 다른 하나는 부모의 규제에 대한 반항심으로 부모나 권위에 도전적으로 성장할 가능성이다.

어느 쪽이든 아이가 크고 나면 미루는 습관이 들 수 있다. 전자는 새로운 가능성을 직면하는 것이 두려워서 미루고, 후자는 반항하기 위해 미루는 것이다. 위의 두 유형의 아이 모두 부모의 교육 방식으로 인한 자아 박탈감으로 어릴 때부터 '자기 가치'가 매우 낮다는 공통점이 있다.

'자기 가치'란 자신에 대한 주관적인 판단이다. 자기 가치가 높은 사람은 자신이 더 나은 삶을 살 가치가 있다고 생각하기 때문에 한편으론 두려워하면서도 자신을 뛰어넘어, 부모가 만들어 준 편안한 공간에서 벗어나 더 나은 삶을 살고자 노력한다.

그러나 자기 가치가 낮은 사람은 더 나은 인생을 살 자격이 없다는 평가절하로 현재의 안전하고 편안한 상태에 머무르려고 한다. 겉으로 보기엔 원동력이 없어서 이런저런 핑계를 대며 끌려다니는 것처럼 보인다. 그러나 사실 내면의 두려움, 혹은 한 단계 더 나아가 자기 가치가 이 모든 것을 결정짓는 것이다. 이것이 바로 '미루기'의 실상이다.

결론적으로 미루는 것의 근본 원인은 '자기 가치'이다. 나는 그 부부에게 "아드님의 문제는 아마 부모님과 관련이 있을 것 같습니다. 자녀를 자기 가치가 낮은, 말 잘 듣는 아이로만 키웠기 때문일 수 있습니다. 하지만 부모가 계속 비판하고 질책한다면 아이의 자존감만 더 떨어지고 상황은 더 나빠질 것입니다."라고 조언했다.

이럴 때 자녀에게 필요한 것은 조언이나 비난이 아닌 '인정과 지지'이다. 밖은 바람이 세고 파도가 심하지만 풍랑을 경험한 아이만이 진정으로 잘 자랄 수 있다. 집 안은 안전하고 따뜻하겠지만 온실에 선 연약한 꽃만 피울 수밖에 없다. 아이를 나약하게 하고 두려움에 대처하지 못하게 만드는 것이다.

역경보다 더 실속 있는 교육은 없다. 가정은 아이에게 평생의 보호막이 될 수 없다. 아이를 믿고 강인함을 가르치고, 과감히 모험할 수 있도록 이끌며, 역경 속에서 자신의 능력을 향상하게 하라. 그래야 아이가 커서 자신의 불확실한 인생에 대해 더 안전하고 여유롭게 대처할 수 있다.

반면 어릴 때부터 아이의 안전을 위한답시고 사사건건 제한하면 마치 아이의 날개를 자르는 것과 같다. 한 사람의 날개는 자기 가치의 본질이다. 그렇다고 자신에게 미루는 습관이 있다고 부모를 원망하라는 말은 아니다. 자기 가치가 낮은 데는 자신의 책임도 있다.

배움을 통해 새로운 자아를 창조할 수 있고 자기 가치를 높임으로써 인생을 새롭게 시작할 수 있다.

변화를 시작하기 전에 두려움을 직시하라

그렇다면 우리는 새로운 자아를 어떻게 창조할 것인가? 왕양명은 지행합일이라고 했다. 진정으로 '알게' 되면 자연히 '행하게' 될 것이다. '미루기'라는 행동을 통해 현재 상태를 그대로 유지하려고 하고, 더 나은 삶을 살 가치가 없다고 생각하고 있다면 현재 자신의 가치가 낮은 상태임을 깨닫게 될 것이다. 그러면 '나는 더 나은 삶을 가질 가치가 없다'는 생각을 버리고 자연스럽게 더 나은 삶을 추구하는 행동을 하게 될 것이다.

자신의 상태를 '알고' 움직이기 시작했다면 지금부터는 자신의 '두려움'과 마주해야 한다. 방구석에 틀어박혀 안전을 즐기는 데 익숙해져 있으면 안 된다. 자신이 더 나은 삶을 누릴 가치가 있다고 생각한다면 두려움을 극복하는 것은 더 이상 어려운 일이 아니다. 두려움을 직시하면 다음과 같은 질문을 자신에게 던질 수 있다.

"내가 두려움을 만나게 된다면 어떤 일이 벌어질까, 최악의 상황은 무엇일까, 이 최악의 결과를 이해할 수 있겠는가?"

만약 답이 긍정적이면 문제될 것이 없다. 만약 답이 부정적이면 다시 물어보자.

"최악의 결과를 받아들일 수 없다면, 그것을 피하기 위해 나는 지금 무엇을 할 수 있을까?"

"최악의 일이 일어날 확률은 과연 얼마나 될까?"

이렇게 자문하다 보면 나쁜 일이 일어날 확률이 1퍼센트 미만이라는 것을 알게 된다. 즉, 자신 안에 있는 시한폭탄이 터질 가능성은 거의 없다는 것이다. 그렇게 회심의 미소를 지으며 홀가분해질 수 있다.

두려움을 넘어서는 것은 매우 중요하다. 두려움을 뛰어넘어야 미루는 것을 돌파할 수 있다. 그리고 미루기를 넘어서면 인생의 단계가 업그레이드되고, 나의 세계는 더욱 커진다. 물론 인생의 가능성도 더 넓어질 것이다. 이를 해내려면 무엇보다 자신이 더 나은 삶을 누릴 가치가 있는 사람이라는 것을 반드시 알아야 한다.

배신 뒤에는
상처 입은 마음이 숨어 있다

우리 주변에 꼭 있게 마련인 배신자

잘 아는 회사의 대표가 직원 문제로 애로 사항을 상담했다. 신입사원을 뽑았는데 업무 능력은 그럭저럭이었지만, 잠재력이 있다고 판단돼 열심히 정성을 다해 가르쳤다고 한다. 오래 지나지 않아 그 신입사원은 임원으로 성장해 회사의 핵심 정보를 속속들이 다루며 업계에서도 영향력을 행사하게 되었다.

그러나 그는 승진의 단계를 밟아갈수록 점점 오만해졌고 콧대가 하늘 높은 줄 모르고 오르기 시작했다. 당시 회사에서는 높은 수익률을 유지하기 위해 새로운 시장을 개척하는 계획을 세웠는

데 이 프로젝트를 실행할 때마다 그 임원은 어떤 식으로든 제동을 걸어 지장을 주었다. 참다못한 대표는 그를 찾아가 이야기를 나누다 큰 충돌을 일으키게 되었다. 이후 그 임원은 사직서를 내고 경쟁업체로 자리를 옮겼고, 기존에 있던 회사의 정보와 경험을 바탕으로 업계의 시장을 빼앗아 버리는 비양심적인 행동을 저질렀다고 한다. 그는 이 일을 이야기하면서 연거푸 생각지도 못했다는 말을 반복했다. 이런 배신자는 비단 회사에만 있는 것이 아니다. 바로 우리 주변, 심지어 가정에도 존재한다.

젊은 시절 홀로된 82세의 한 노인이 온갖 고생을 다 해가며 오 남매를 키워냈다. 하지만 나이가 들어 더 이상 거동조차 하기 힘든 상황에서 어느 누구도 어머니를 부양하려 들지 않았다. 딸들은 아들이 재산을 물려받았으니 부양의 의무를 져야 한다고 주장했지만 며느리는 시어머니를 모시려 하지 않았다. 결국 이들은 법정에까지 서게 됐고 법은 오 남매에게 노모를 번갈아 모시라는 판결을 내렸다. 하지만 이 판결은 이들에게 아무런 영향을 주지 못했다. 이후에도 여전히 어머니를 책임지려 하지 않았고 결국 그녀는 양로원에서 외롭게 남은 생을 마감해야 했다. 그의 곁에는 말을 걸어주는 사람도, 돌봐주는 사람도, 기쁨을 줄 어느 누구도 없었다. 이런 경우 부모에게는 자녀가 배신자가 된다.

위의 예시가 극단적이라고 생각할지도 모르겠다. 현실에서 배신자는 어쨌든 매우 적다고 주장할 수도 있다. 그렇다면 잠깐 멈춰서 우선 주변에 이런 사람이 없는지부터 살펴보자.

사람들이 모여 있는 곳이라면 배신자는 여기저기서 출몰한다. 조직이나 가정에 몸담고 있으면서 자신이 속한 곳을 더 좋게 만들기보다 그저 누리기만 하고 타인에게 불편만 끼치는 사람들이 있다. 예를 들어 한 회사의 직원이 월급을 받으면서도 업무에 집중하지 않고 회사 험담이나 하는가 하면, 어떤 이는 부모의 보살핌은 기억조차 하지 못한 채 되려 부모를 원망하며 나이 든 부모를 부양하지 않는 식이다.

그들은 하나같이 자신을 '피해자'라 생각한다. 그리고 그들은 꼭 누군가를 원망한다. 스스로 노력해서 더 나은 상황을 만들 수 있다고 믿지 않고 다른 사람이 자신을 구해 주기만을 바란다. 그런 사람들은 마음속으로 언제나 '구원자'를 갈망한다.

이러한 특징이 바로 '배신자 패턴'이다. 현실에서 아직도 이런 사람이 별로 없다는 생각이 드는가? 주위를 둘러보면 배신자는 어딘가에 꼭 있다.

가해자 없이 생긴 상처는 없다

'배신자 패턴'은 도대체 어떻게 형성되는 것일까? 이제 우리는 사람들의 생각과 감정은 어떻게 형성되고, 또 무엇이 배신자들의 패턴과 같은 행동을 유발하는지 연구할 필요가 있다. 이러한 이 연구에는 NLP 이론이 적합하다.

NLP에 따르면 '역할'이 사람에게 미치는 영향은 매우 크다. 그것은 한 사람의 정체성을 형성하고 '내가 누구인가'를 결정하기 때문이다. 아마도 대부분의 사람이 모든 일을 이 '역할'에 맞게 처리하고자 애쓸 것이다.

각자는 누군가의 배우자이자 부모이고 직장에서는 상사 혹은 부하 직원, 친구, 선배 등의 역할을 가지고 있다. 이러한 역할을 충실히 이행하다 자신이 '피해자'라는 인식을 하게 될 경우, 내면에는 깊은 무력감과 절망감, 그리고 가해 받은 경험에 대한 풀리지 않는 분노가 자리 잡게 된다. 이 무력감과 분노는 외부의 힘을 찾아 의지하고 싶게 만들어 시도 때도 없이 '구원자'를 찾거나 누군가를 '구세주'라고 생각하게 한다. 피해자들이 다행히 구세주를 찾게 될 경우, 그들은 그 힘을 빌리기 위해 어떤 것도 아랑곳하지 않고 구세주에게 자신의 충성을 증명해 버림받지 않으려고 노력한다.

그런데 여기서 또 하나의 문제가 발생한다. 아무리 높은 직분에 올라 거대한 영향력을 가지고 있는 사람이라도 피해자라는 인식에서 벗어나지 못한다는 것이다. 이것은 아마도 자신이 겪은 성장 과정에서의 문제가 뿌리 깊게 자리 잡았기 때문일 것이다. 심리학에서는 사람의 성장 과정을 다음과 같이 정의한다.

1. **기생적 단계(0~7세)**: 생존을 위해 심리적으로 부모와 타인에게 전적으로 의존하는 강한 순종을 보이며 자의식이 없거나 아주 작다.

2. **의존기(8~14세)**: 자아가 발전하기 시작한다. 능력에 한계가 있으므로 타인에 대한 의존도가 높다.

3. **반항기(15~21세)**: 자아를 발전시키는 단계다. '나'의 존재를 증명하기 위해 항상 강한 반항성을 보이거나 때로는 그저 반대를 위한 반대에 집중한다. 사사건건 권위에 도전하고 자신이 느낀 것을 중요시하기 때문에 사람들과 잘 어울리지 못하며, 특히 부모와 권위자에 대한 반항이 심하다.

4. **성숙기(22세 이상)**: 자아 발달이 완전해지는 단계로, 더 이상 남에게 자신을 증명할 필요가 없고, 자신과 관점이 다른 사람과도 잘 어울릴 줄 알게 된다.

우리가 식물을 키울 때 충분한 빛과 물을 공급해 주어야 건강하게 자라는 것처럼 마음도 적당한 영양분을 공급받아야 한다. 성장 단계마다 내면에 충분한 영양이 공급된다면 그 사람의 마음은 단단하고 건강하게 성장할 수 있을 것이다. 하지만 유감스럽게도 대부분의 사람은 이 발전 단계에 충분한 영양을 받지 못해 성숙기 이전 어느 단계에서 성장을 멈춰버린다.

어떤 사람은 30~40대가 돼도 스스로 결정을 내리지 못할 정도로 심리적으로 기생하는 단계에 머물러 있고, 어떤 사람은 반대로 자신과 다른 관점을 가진 사람을 만나면 맞서 싸우는 전형적인 반항기의 심리 패턴을 보인다.

학자나 대학교수의 신분을 가졌어도 성장하면서 생긴 상처 때문에 3단계에 정체되어 있는 경우도 있다. 외적으로 아무리 높은 자리에 있어도, 속으로 스스로를 늘 미천하고 보호받아야 하는 '피해자' 신분이라고 생각하는 것이다. 이런 상태에서는 성숙기로 나아갈 수 없다. 일단 배신자 패턴이 내면에 형성되면 그 사람이 가진 능력이 많아질수록 그 파괴성도 커지는 법이다.

가해자 없이 생긴 상처는 없다. 사실 배신자들의 내면을 들여다보면 그 이면에 늘 깊은 상처가 있다. '인격'은 몸의 뼈대와 같다. 뼈대가 있어야 육신이 의지할 수 있고 건강한 체격을 가질 수 있듯이 인격이자 사상의 골격인 '뼈대'가 없으면 지식과 재능은 그저 파괴자의 하수인이 될 수밖에 없다.

우리 주변에 배신자들이 설 자리가 없게 만들기 위해서는 부모의 역할이 중요하다. 자녀를 교육할 때 그저 지식을 주입하기보다 심리적인 성장기마다 건강하게 자랄 수 있도록 아이의 내면 성장에 관심을 가져야 한다. '자존심'과 '자신감'이 제대로 확립되도록 도와서 성숙한 사람으로 자라게 해야 한다. 그래야 그들이 어른이 됐을 때 피해자나 파괴자가 아니라 길을 개척하는 사람이 될 수 있다.

☺
☺
☺

에덴의 동산에도
우리의 적은 있다

나의 에덴동산은 어디인가?

혹시 여러분은 현재의 가정, 회사, 국가 심지어 속세에서 벗어
날 수만 있다면 얼마나 좋을까 생각하고 있진 않은가? 막상 그
렇게 실행할 용기도 없으면서 말이다. 사람들은 종종 자신이 처
한 환경을 탓하며 자신만의 에덴동산이 어딘가에 있을지도 모
른다는 꿈을 꾼다. 하지만 랴오천의 이야기를 다 듣고 나면 이런
생각이 터무니없는 것이었다고 느낄 것이다.

그녀는 내 수업을 들은 첫 번째 비구니였다. 단아하고 수려한

외모에 승려 옷을 차려입은 모습이 특히 눈길을 끌었다. 출가한 사람이 왜 심리학 강의를 들을까, 나도 호기심이 일었다. 그래서 나는 그녀가 상담을 받고 싶다고 손을 번쩍 들었을 때 망설임 없이 그녀를 선택했다.

나는 부처의 가르침이 넓고 심오하기에 출가한 사람들은 일찍이 속세를 간파하고 집착을 버렸으리라 생각해 왔다. 그래서 그녀가 왜 심리상담을 받으려고 하는지 선뜻 이해하기 어려웠다. 그녀에게 먼저 어떤 어려움이 있는지 물어보았다.

그녀는 자신이 친구가 별로 없으며 절에 있는 몇몇 스님과는 어울리기 힘들어 어떻게 지내야 할지 막막하다고 했다. 그녀는 여러 군데 절을 옮겨 다녀봤지만, 상황은 모두 똑같았고 마음이 무척 괴롭다고 했다. 우연한 기회에 그녀는 내 책을 읽게 되었고 많은 깨달음을 얻어서 나에게 상담을 받기로 했다는 것이다.

나는 출가한 사람이 이런 고민을 할 줄은 전혀 예상하지 못했다. 어떻게 도와야 할지 감이 잡히지 않아 일단 그녀를 출가한 사람이 아니라 그저 평범한 사람이라고 생각하며 호기심을 품은 채 진행해 나갔다.

일단 먼저 그녀를 무대 위로 초청했다. 나는 그녀에게 이 절에서 다른 절로 옮겼음에도 스님들과 잘 지내지 못한다는 것을 알

앉을 때 무엇을 느꼈는지 물었다. 그녀는 "힘들고 무서웠으며 의지할 데가 없다고 느꼈어요. 다음 절은 좀 나은 곳이길 바랐지만 언제나 실망할 뿐이었어요."라고 말했다.

많은 사람이 이 직장에서 저 직장으로, 또 누군가는 결혼생활이 생각대로 잘 풀리지 않아 다른 사람과 새롭게 시작하기도 한다. 사실 이런 행동은 모두 한 사람의 행동 패턴으로, 표현 방식만 다를 뿐이다.

나는 이어서 그녀에게 현재의 상황과 비슷한 경험을 이전에도 겪은 적이 있는지 물어봤다. 그녀는 한참 동안 침묵했다. 그리고 얼마 후 그녀는 조용히 눈물을 흘렸다.

그녀는 어릴 적 부모에게 잦은 학대를 당했다. 작은 잘못에도 매를 맞았던 그녀는 하루빨리 집을 벗어나고 싶어 했다. 그리고 여덟 살이 되던 해에 외갓집에 보내져 외할머니 가족과 함께 살게 되면서 두려워하던 집을 떠나게 되었다. 처음에는 더할 나위 없이 행복했다. 하지만 그 즐거움은 오래 가지 않았다. 부모가 외숙모에게 생활비를 주지 않았기 때문에 외숙모는 늘 그녀에게 욕을 하곤 했다. 그럴 때마다 그녀는 자신이 의지할 곳 없이 떠돌아다니는 부평초처럼 느껴졌다.

모든 행동의 이면에는 긍정적인 동기가 있다

여기까지 듣고 난 뒤 난 '도피'가 그녀 인생의 패턴이 된 이유를 알 수 있었다. 나는 그녀가 이 점을 알아차릴 수 있도록 심리 역할극을 실행했다. 나는 그녀 역할을 맡은 학생을 붙잡고 부모 집에서 외갓집으로, 다시 외갓집에서 절로, 이 절에서 또 다른 절로 도망 다니게 했다. 어디를 가든 누군가는 꼭 손가락질하며 그녀를 나무랐다. 이 막간의 인생 재연을 보면서 그녀는 흐느껴 울며 이렇게 토로했다.

"세상에서 제가 기댈 수 있는 사람은 없어요. 누군가에게 길을 물었을 때 그 사람이 알려주지 않으면 상대방이 저를 무시하거나 미워하는 것처럼 느껴져서 금방 마음이 무너졌어요."

그 순간 나는 강의실 공기 전체에 그녀의 억울함과 무력함이 가득 차 있음을 알 수 있었다. 나는 600여 명의 수강생을 올려다보며 "여러분 중에 랴오천을 좋아하지 않는 사람이 있나요?"라고 물었다. 큰 회의장에 학생 3명이 약속이나 한 듯 손을 들었다. 나는 고개를 돌려 그녀를 바라보며 말했다.

"보세요, 여기에도 당신을 좋아하지 않는 사람이 있네요."

"알아요. 어디를 가든 저를 좋아하지 않는 사람이 있어요."

그녀는 더욱 절망하며 고개를 떨구더니 나를 쳐다보지 못했다. 나는 그녀에게 고개를 들어 나의 눈을 보게 한 뒤에 한마디 한마디 힘을 주어 그녀에게 말했다.

"남들이 당신을 좋아할지 안 좋아할지는 잘 모르겠어요. 제가 묻고 싶은 건 이겁니다. 당신은 자기 자신을 좋아하나요?"

그녀는 한동안 침묵을 지켰다. 그러다 눈물을 마구 쏟으며 고개를 세차게 가로저었다.

"당신마저 자신을 좋아하지 않으면서 어떻게 다른 사람이 당신을 좋아하길 기대할 수 있을까요? 자신마저 자기를 무시한다면 누가 당신을 무시하지 않을 수 있을까요?"라고 반문했다. 나는 그녀의 눈을 지그시 바라보며 느릿느릿 물었다.

"그리고 당신은 다른 사람이 자신을 싫어하는지는 어떻게 알 수 있나요?"

나는 무대 아래 있는 수강생들에게 눈을 돌려 물었다.

"랴오천을 좋아하시는 분 있나요? 손을 들어 주세요."

대부분의 학생이 손을 들었다. 나는 그녀를 향해 말했다.

"봤나요? 당신을 싫어하는 사람도 있지만 동시에 좋아하는 사람도 있어요. 그런데 왜 항상 당신을 싫어하는 사람들만 보나요? 그럼 이제는 당신을 좋아하지 않는 사람들이 당신을 어떻게 생각하는지 봅시다."라고 말했다.

나는 스태프에게 방금 랴오천을 싫어한다고 말한 학생에게 마이크를 건네주라고 했다. 그리고 왜 그녀가 싫은지를 물었다. 그는 그녀가 문제 앞에서 숨는 모습이 너무 나약해 보여서 싫다고 했다.

나는 모든 행동의 이면에 반드시 긍정적인 동기가 있다는 것을 안다. 그래서 나는 그 수강생에게 물었다.

"그럼 그녀가 어떻게 하길 바랍니까?"

"난관에 부딪혔을 때 도망가는 대신 용감하게 마주했으면 좋겠습니다."

그때 한쪽에 서 있던 그녀가 숨을 몰아쉬며 급하게 말했다.

"이제 알았어요. 선생님! 사실 저를 비판하던 스님이 평소에는 잘 대해 주셨지만, 그들이 저를 비난할 때는 저를 싫어하고 무시하는 것만 같아서 피하려고 했어요. 돌아보니 줄곧 저에게 배어 있던 습관이었네요. 그럼 이제 어떻게 해야 할까요?"

자신을 구원할 수 있는 자는 자신뿐이다

랴오천의 이야기를 보면 그녀는 어린 시절 부모가 때려서 외가로 도망갔고, 외할머니 집에서 외숙모가 욕을 하면 다시 도망가고 싶어 했다. 성인이 된 뒤에 더 이상 집에 있을 수 없어 출가를 택했지만, 절 안에서도 스님이 그녀를 나무라고 좋아하지 않는다고 느껴지면, 이 절에서 또 다른 절로 도망쳤다는 것을 알 수 있었다. 이렇게 점점 '도피'라는 행위는 그녀가 외부 세계와 상호작용하는 하나의 고정된 패턴으로 자리 잡았다. 마주하고 싶지 않은 문제가 생기거나 어떻게 대처해야 할지 모를 때면 그녀의 잠재의식은 즉시 도망치게 만들었다. 자신을 피해자로 보고 누군가의 구원의 손길을 바랐던 게 그녀가 도피한 이유였다.

그러나 그녀 말고 누가 그녀를 구할 수 있을까. 구원자는 단 하나, 자기 자신밖에 없다. 나는 그녀의 마음을 들여다보며 말했다.

"당신은 이제 '도피'가 자신의 패턴이라는 것을 깨달았어요. 그리고 이 패턴 때문에 당신은 너무 고생했어요. 제 생각엔 동료 중에도 당신처럼 도피하고자 출가한 사람들이 적지 않을 것 같아요. 그들도 당신처럼 고생하며 하루하루 힘겹게 버티고 있을 텐데 그들을 도와주고 싶지 않나요? 그리고 당신을 비판했던 스님들도 오랜 시간 마음고생을 하다가 비판했을지도 몰라요. 부처의 가르침은 중생을 제도濟度하라는 것인데, 당신은 왜 불법을 열심히 배워서 도움이 필요한 사람들을 도울 생각은 하지 않나요?"

"글쎄요, 왜 그런 생각을 하지 못했을까요?"

그녀는 갑자기 기운을 차렸다.

"선생님의 심리 치료와 공부가 저 같은 사람에게 많은 도움이 된다는 걸 알게 됐어요. 그런데 제가 아직 능력이 부족하니 저에게 몇 가지 다른 수업도 좀 더 보내 주실 수 있을까요? 저도 다 배우고 나면 선생님처럼 다른 사람을 도와줘야겠어요."라고 말했다.

나는 순간 그녀의 에너지를 느꼈다. 그리고 그녀가 이미 '피해자'의 패러다임에서 벗어났다는 것을 알았다. 내가 더 할 말이 있을까? 이제는 실제 행동으로 그녀의 성장을 응원할 일만 남았다.

종종 우리도 랴오천처럼 도망가고 싶은 마음이 들 때가 있다. 직장, 감정, 가족, 심지어 이 나라에서 도피하고 싶을 때가 많다. 그러나 우리가 어디로 도망가든 반드시 누군가는 우리를 싫어하고, 누군가와 의견이 엇갈리고, 누군가의 비판이나 비난을 듣게 된다. 환경은 항상 뜻대로 되지 않는다. 이런 상황 앞에서 우리는 당연히 도피를 선택하게 된다.

랴오천은 속세를 떠나 절로 도망쳤지만, 거기서도 또 다른 절로 도망가길 원했다. 그렇다면 도대체 어디로 도망가야 우리가 생각하는 에덴동산에 도착할 수 있을까? 정말 어디에나 내 마음 대로 되는 에덴동산이 있기는 한 걸까? 내 생각엔 스스로를 '피해자'로 본다면 어디로 도망가든지 결과는 똑같다. 모든 곳은 지옥과 같을 것이다.

피해자를 자처해 도피하지 말고 길을 개척하는 자가 되어보면 어떨까? 오직 자신만이 스스로를 구할 수 있다! 자신의 길을 만드는 자가 되는 것이 중요하다. 누구나 성장해서 에너지를 쌓으면 스스로의 노력으로 인생 곳곳에 에덴동산을 조성할 수 있다는 것을 나는 굳게 믿는다.

3장

내 안의
관계 패턴 관찰하기:

왜 나는
인복이 없는 걸까?

어떤 사람들은 자신이 옳다는 것을 증명하기 위해
모든 수단과 방법을 통해 상대방이 틀렸다는 것을 증명한다.
이렇게 상대방의 모든 것을 부정하는데 어떻게 '소통'이 되겠는가?

코끼리를 옥죄는 건
밧줄이 아닌 절망적 신념

미래의 행복을 결정하는 요인

한 부인이 남편과 진료를 받으러 왔다. 그런데 그 이유가 뜻밖에도 아이 숙제를 감독하는 과정에서 부부싸움이 벌어져 남편이 화가 나서 독극물을 마셨다는 것이다. 다행히 제때 구조돼 생명에는 지장이 없었다.

이 일을 통해 요즘 부모와 학생이 얼마나 힘든지 알 수 있다. 시험에서 좋은 성적을 거두기 위해, 출발선에서 뒤처지지 않기 위해 아이는 학교에서 하루종일 고생하고 집에 돌아와서도 숙제를 해야 한다. 부모는 더 힘들다. 하루종일 밖에서 고생하다가 피곤한 몸을 이끌고 집에 돌아와 숙제 감독도 해야 한다. 그 결과 행복해야 할 가정이 분쟁이 끊이지 않는 전쟁터로 변하고 있다.

도대체 누가 아이와 부모들을 이 지경으로 몰아넣었을까. 교육제도와 사회 탓으로 돌리는 이들도 있겠지만 교육 시스템이나 학교 일은 우리가 손을 쓸 수 없다. 하지만 가정에서의 교육방식은 부모가 바꿀 수 있다.

많은 부모가 아이의 성적, 명문대학 입학, 순탄한 미래를 위해 애쓰는 모습을 볼 때마다 아이의 성적이 좋다고 그 인생이 순탄할까 하는 생각이 든다. 그렇다면 아이의 미래 인생이 행복할지를 결정하는 요인 중에 성적보다 더 중요한 것은 무엇일까?

매사추세츠공대MIT를 졸업한 궈헝은 스스로 목숨을 끊었다. 그녀는 일찍이 세계 명문대에서 보기 드문 중국 여학생이었다. 남들이 보기에 그녀의 삶은 완벽했다. 하지만 정작 그녀는 자신의 인생에 틈이 드러나자 주변 사람들은 하나같이 훌륭한데 자신은 형편없다는 생각을 하기 시작했다. 분명하고 완벽했던 인생 계획은 아무 의미가 없어졌다. 그녀는 이혼했고, 그녀의 사업 계획이 부모의 지지를 받지 못하자 조바심과 깊은 고통에 빠졌다.

그녀는 '결혼의 멍에, 부모님의 걱정을 벗어나 독립적으로 행복을 찾게 되는 때는 마치 애벌레가 허물 벗는 것과 같은 때'라고 말했다. "나는 날아갈 것이다. 하늘이야말로 나의 미래다. 나는 모든 것으로부터 자유롭다. 나는 더 이상 다른 사람의 기준에 의해 평가받지 않고 기준에 맞춰 기어 다니지 않을 것이다!"

사람들이 그녀가 날아오르리라 생각했던 시점에 그녀는 이 세상을 떠났다. 모든 것에서 벗어나 자기 자신의 모습 그대로 하늘로 날아가리라 다짐한 그녀의 첫 번째 비상이 그녀의 영원한 추락이 될 줄은 아무도 예상하지 못했다.

나도 부모로서 이런 뉴스를 볼 때마다 날개 꺾인 천사들이 안타깝기도 하고 그들의 부모도 안쓰럽다. 고득점을 받고 명문대에 들어가 대기업에 입사하는 것을 얼마나 많은 부모가 자녀에게 바라고 있는가. 그러나 자녀의 마음이 아프다면 그처럼 화려해 보이는 성적이 무슨 소용이 있겠는가.

성격 패턴은 지식보다 더 중요하다

도대체 가정교육에서 중요한 것은 무엇일까? 학교와 협력하여 아이들에게 지식을 가르쳐 주는 것 외에 더 중요한 책임이 가정교육에 있을까?

대학수학능력시험 때 수학 19점으로 재수 2년 만에 겨우 항저우 사범대에 합격했던 마윈은 일반적인 기준으로는 출발선에서 뒤처진 지 오래였다. 인터넷 곳곳에서는 그가 노래도 못하고 글씨도 엉망일 뿐 아니라 스스로가 자랑스러워하는 태극권도 그렇게 뛰어나지 않다는 비난이 넘쳐났지만, 이 모든 것은 그가 위대한 사업가가 되는 것과 무방했다. 그가 얻은 성과는 시험지의 숫자와도 절대 무관하다. 지식은 매우 중요하지만, 지식을 어떻게 활용할 것인가가 지식 자체보다 더 중요하다. 학교 교육이 아이가 지식을 쌓는 데 초점을 맞춘다면 가정교육의 핵심은 무엇일까?

아들 녀석이 미국 예술 대학 1학년 때 담당 교수님의 저녁 초대에 참석한 적이 있었다. 대화 중에 교수님은 아들이 그림에 기본기가 없다는 것이다. 실력이 형편없다는 말인가 싶어 우리 가족이 민망해하고 있을 때 교수님은 아이의 화풍이 어디에도 구속받지 않고 자유롭다고 말했다. 그러면서 많은 중국 학생을 가르쳐 봤는데, 그들은 대부분 기본기는 매우 튼튼했지만, 안타깝게도 화풍이 고착되어 몇몇 패턴에 따라 그릴 줄만 안다는 것이다. 그리고 우리 아이는 여전히 자유분방한 화풍을 유지하고 있는데 이는 정말 얻기 어려운 것으로 기본기는 언제든 배울 수 있지만 화풍이 고착되면 예술 인생은 거의 끝난다고 강조했다.

얼마나 식견이 있는 관점인가! 이 말은 그림뿐 아니라 사람의 일생에도 적용된다.

지식과 능력은 언제든지 배우고 쌓을 수 있지만 한 사람의 패턴, 즉 어떤 일에 관한 생각이나 정서, 반응이 일단 형성되면 그의 일생은 제한된다. 모든 것이 스마트화되고 인터넷 시대에 우리가 지식을 얻는 것은 훨씬 수월해졌다. 지식보다 중요한 것은 한 사람의 성격 모델이다. 지식은 단기간에 습득할 수 있지만, 성격은 짧은 시간에 얻어지는 것이 아니다. 그래서 가정교육의 관건은 지식을 주입하는 것이 아니라 건강하고 좋은 인격을 만들어 주는 것이라고 생각한다.

인격 혹은 성격이라고 하는 것은 한 사람의 독특한 일을 처리하는 방식, 사고, 정서적 반응을 총칭하는 것으로, 이것은 한 사람이 무엇을 '하거나', '하지 않거나', '하는 것을 결정짓는' 열쇠이자 행동의 나침반이며 인생의 초석이다.

성격의 본질에는 '신념'이 있다. 신념이란 한 사람이 사실이라고 생각하거나, 반드시 사실이 될 것으로 생각하는 판단이나 관점 또는 견해다. 혼자서 어떤 일을 하거나 하지 않고, 어떤 능력을 배우거나 배우지 않고, 작게는 무엇을 먹느냐에서 크게는 취업의 방향, 배우자, 심지어는 사생결단까지 모두 한 사람의 신념 시스템에 달려 있다. 그래서 '성격이 운명을 좌우한다'는 말도 과언이 아닌 것이다.

인생을 망치는 3가지 성격 결함

한 사람의 인생에서 성격이 중요하다면, 가정교육을 어떻게 해야 아이가 건강한 성격을 지닐 수 있을까? 심리학에서는 아무 것도 성취하지 못하거나 결혼에 실패했거나 가정이 깨진 사람들에게서 대부분 성격적 결함이 있음을 밝혀냈다. 바로 3대 바이러스적 신념, 즉 무력감, 절망감, 무가치함이다.

1. 무력감

살면서 늘 남에게 의지하고, 하고 싶은 일인데도 위축되어 시도하지 못하고, 다른 사람이 이룬 성과를 부러워하면서도 자신은 중요한 한 걸음을 내딛지 못하는 사람을 한 번쯤 본 적이 있을 것이다. 이런 사람은 부자가 되어도 아무것도 할 수 없다. 그들의 내면에는 '남들은 해도 나는 안 된다'는 신념이 있기 때문이다. 심리학에서는 이를 '무력감'이라고 한다.

한 번 그런 신념이 형성되면 명문학교 학벌도, 해박한 지식을 가졌어도 소용이 없다. 왜냐하면 그들은 항상 자신보다 더 강한 사람을 찾아내고 늘 남들이 자신보다 더 낫다고 믿기 때문이다. 이런 수동적인 자세로 살면 원하는 일도 이루지 못할뿐더러 무력하고 무기력하게 평생을 살게 될 것이다.

무력감이 생기는 데는 여러 가지 이유가 있다. 주로 어린 시절 부모의 양육방식에서 비롯된다. 만약 부모가 항상 자녀를 다른 아이들과 비교해 '남의 집 아이'를 자기 아이의 마음속에서 영원히 오를 수 없는 높은 산이 되게 하거나, 크고 작은 일마다 아이 대신 도맡아서 처리하거나, 아이를 믿지 않고 아이의 성장 기회를 사사건건 박탈한다면 아이의 잠재의식에는 자신도 모르게 남보다 못하다는 생각이 자리 잡게 된다.

아이에게 이런 '무력감' 바이러스를 심어 주지 않으려면 어렸을 때부터 부모가 자녀를 믿으며 스스로 문제를 해결하는 능력, 독립적이고 자주적인 능력을 키워 줘야 한다. 아이가 어리다는 이유로 부모가 먼저 나서서 일을 처리해 주는 것은 바람직하지 않다. 아이가 숙제하는 것을 감독하는 것 자체가 아이를 불신하는 것이다. 자꾸 다른 사람과 비교하는 것은 아이의 생각에 독을 주입하는 것이나 다름없다.

2. 절망감

세상의 가능성은 끝이 없다. 스스로 한계만 짓지 않는다면 말이다. 그러나 현실에는 그런 사람들이 많다. 그들은 스스로 감옥을 그려 낡은 것을 고수하고, 낡은 틀에 매달리며, 새로운 것을 원하지 않으며, 시도할 엄두도 내지 못한다. 맷돌질하는 당나귀처럼 한정된 공간에서 맴돌며 평생을 똑같이 산다.

그들의 세계에는 너무 많은 '불가능'이 있다. 그들은 한 번의 실패를 영원한 실패로 여기고는 잠깐의 무능력함을 영원한 무능력이라 생각한다. 마치 서커스단의 코끼리처럼 어린 시절에 한 가닥의 밧줄에 묶여 자랐기에 크고 나서도 한 가닥의 밧줄에 갇혀 사는 것이다.

코끼리를 옥죄던 건 그 밧줄이 아니라 머릿속의 '신념'이었다. 마찬가지로 사람들을 힘들게 하는 것도 외적인 환경이 아니라 그들 스스로 만든 '절망적인' 신념이다.

'절망'은 내가 할 수 없는 것은 남도 할 수 없다는 신념이다. 일단 이런 신념이 형성되면 인생의 어떤 영역은 작동하지 않게 된다. 절망적인 신념이 쌓이면 쌓일수록 사람은 깊은 절망에 빠지고, 결국 목숨까지 포기하게 된다. 이러한 절망적인 신념 또한 어린 시절 부모와의 상호작용에서 형성된다. 어떤 부모들은 자신의 무능과 무지 때문에 안전을 위해 아이에게 제한을 두며 영원히 좁디좁은 공간에서 살게 한다. 그 안에서 부모는 아이의 실수를 용납하지 않고 발전도 제한한다.

안전도 중요하지만 미래에 대한 희망이 충만한 것만큼 소중한 선물은 없다. 따라서 아이가 지식을 쌓는 것보다 시시각각, 곳곳에서 희망을 느낄 수 있도록 도와줘야 한다. 비록 어떤 일을 아이가 하지 못하더라도 이것은 잠시 그런 것일 뿐, 언젠가 해낼 수 있다는 것을 똑똑히 일러줘야 한다. 설령 아이의 성적이 잠시 뒤처진다고 하더라도 미래를 걱정할 필요가 없다.

3. 무가치함

물건은 값이 있지만 사람은 값을 매길 수 없다. 그런데 우리는 안타깝게도 살면서 한 사람이 한 일로 그 사람의 가치를 평가하는 모습을 흔히 볼 수 있다. 누군가의 사업이 성공하면 사람들은 그를 우러러본다. 반면 별 볼 일 없는 사람은 아무런 쓸모가 없다고 여긴다. 한 대학원생은 졸업논문이 통과되지 못한 일로 목숨을 버렸다. 어떤 사장은 한 번의 사업 실패로 목숨을 버렸고, 어떤 젊은이는 실연으로 팔목을 그었다. 사람의 가치를 깃털처럼 가볍게 여긴 탓이다. 사람 자체가 가치가 없기 때문에 그가 하는 일에 의존해서 가치를 증명할 수밖에 없고, 그 결과 일이 실패하면 인생도 실패했다고 생각한다. 이런 신념을 '무가치함'이라고 한다. 무가치함은 모든 신념 중에서 가장 해로운 것이다.

이와 반대되는 강력한 신념은, 인간의 가치는 그가 한 일에 달려 있지 않다고 믿는 것이다. 일이 잘 안 되더라도 일시적일 뿐이라고 생각한다. 목숨이 붙어 있는 한 실패란 없고 미래를 위한 피드백일 뿐이다.

이런 무가치함이라는 바이러스는 어떻게 만들어졌을까? 이 역시 가정교육에서 비롯됐다는 것은 두말할 나위 없다. 아이가 일을 잘했거나 성적이 좋아야만 칭찬하고, 반대로 성적이 나쁘거나 잘못하면 아이 자체를 부정하는 경향으로 은연중에 이러한 신념이 형성되는 것이다. 개인의 가치가 자신이 '하는 일'에 달려 있다고 말이다.

가장 효과적으로 가정교육을 할 수 있는 시간은 아이가 좌절했을 때다. 이때 아이는 가장 연약하므로 절대적인 부모의 인정과 사랑이 필요하다. 아이에게 결과가 어떻든 부모에게 있어 소중한 자녀라는 것을 알려 줘야 한다. 아이의 가치는 결코 아이가 하는 일에 달려 있지 않다. 아이 자체가 값진 보물이므로 무엇으로도 증명할 필요가 없다.

나는 부모님께 정말 감사한다. 내가 시골에서 태어나 타향살이를 할 때 부모님은 나에게 "대담하게 뛰어들어라, 얘야. 집에 언제든지 네가 먹을 밥 한 끼는 준비해 둘 거야."라고 말해 주셨다. 이 말은 당시의 내게 큰 힘이 됐다. 비록 성공하지 못했다 하더라도 적어도 한 사람으로서 나는 가치가 있었기 때문이다.

많은 부모가 필사적으로 아이에게 지식을 주입하면서 가정교육의 중요한 핵심은 간과하고 있다. 더 심각하게 염려되는 것은 지식을 주입할 때 많은 부모가 자신도 모르게 아이에게 '무력감', '절망감', '무가치함'의 바이러스를 심고 있다는 것이다. 이는 어릴 때 아이의 날개를 부러뜨리고는 날지 못한다고 불평하는 것과 같다. 이 얼마나 가슴 아픈 일인가!

더 많은 부모가 가정교육의 핵심을 지식적 측면에서 성격적 측면으로 돌이켜 어릴 때부터 건강한 신념과 가치관을 심어 주고, 특히 자존감을 키워주기를 바란다. 이것이야말로 가정교육의 핵심이다.

소통을 방해하는 원인은
나에게 있다

누구나 자신이 옳다는 것을 증명하고 싶어 한다

"단장님, 우리 부서장은 고집스럽고 독단적이며 제멋대로여서 어떤 조언도 듣지 않아요. 이른바 '엘리트주의' 방식으로 직원들을 관리해요. 직원들이 죽든지 말든지 전혀 신경 쓰지 않습니다. 저는 지금 제 업무 부담이 너무 크다고 생각되는데 이럴 땐 고집불통 리더와 어떻게 소통해야 하나요?"

한 수강생이 직장 상사와의 관계 문제로 내게 하소연을 했다. 많은 직장인이 공감할 듯한 내용이다. 말이 잘 통하지 않는 사람과 의사소통의 어려움을 겪은 적이 있는가? 다른 사람의 의견을 듣지 않는 사람과는 어떻게 소통해야 할까?

'소통이 안 되는' 사람들의 관점에서 그들이 소통을 어려워하는 이유를 살펴보자.

나는 가끔 누군가에게 '소통이 안 되는' 사람으로 불리기도 한다. 그래서 어떻게 하면 소통이 안 되는 사람들과 소통할 수 있는지 나의 예시를 통해 알아보겠다.

한번은 강의실 예약에 차질이 생겨 다른 호텔로 급히 장소를 옮겨야 하는 문제가 발생했다. 3단계로 진행되는 이 강의는 1, 2단계 모두 강사나 강의에 대해 아무도 이의를 제기하지 않았다. 그런데 강의 장소가 바뀌자 한 수강생이 새 호텔이 자신의 집에서 멀어졌다고 항의하며 전액 환불을 요구했다. 장소가 바뀌어서 환불을 요구하는 게 아니라 수업도, 강사도, 스태프도, 서비스도 좋지 않다는 등 전반적인 요소를 들어가며 부정하는 게 흥미로웠다.

결국 이 수강생의 불만은 나를 비난하기까지에 이르렀다. 원래 나에 대한 그 수강생의 평가는 나쁘지 않았는데, 이번에는 우리가 잘못했다는 것을 증명하기 위해 나까지 나쁜 사람으로 몰았다. 그리고 자기의 요구를 들어주지 않았다는 이유로 '소통 불가'라는 딱지를 붙였다.

어떤 사람들은 자신이 옳다는 것을 증명하기 위해 모든 수단과 방법을 통해 상대방이 틀렸다는 것을 증명한다. 이렇게 상대방의 모든 것을 부정하는데 어떻게 '소통'이 되겠는가?

이런 현상은 친밀한 관계에서도 흔히 볼 수 있다. 한 부부를 상담했다. 그들은 20여 년의 결혼생활을 더 이상 만회할 수 없다고 느꼈다. 그들이 내 앞에 앉았을 때 부인이 쉴 새 없이 말하기 시작했다.

"더 이상 남편을 두고 볼 수 없어요. 몇 년 동안 무슨 말을 해도 그는 전혀 듣지 않았어요."

나는 호기심에 물었다.

"당신은 남편에게 무슨 말을 했나요?"

아내는 고무된 듯 목소리를 높였다.

"정말 할 말이 많지요. 술을 적게 마시라고 하는데 듣지 않고, 고기를 적게 먹으라고 하면 듣지 않고, 운동을 많이 하라고 하면 듣지 않아요. 현재 건강검진 결과 혈액 내 지방이 높고 콜레스테롤이 높아요. 남편에게 고구마죽을 끓여 주었는데, 죽도 엎어 버렸어요."

옆에 있던 남편이 참지 못하고 그녀의 말을 끊었다.

"누가 당신 말을 듣고 싶어 하겠어요? 내 나이 쉰이 다 돼 가는데 자꾸 애 취급하면서 이것도 틀리고 저것도 틀렸다고 말하는데 말이죠. 잔소리하는 엄마를 둘이나 두고 싶지 않아요. 당신 앞에선 난 아무것도 아닌 것 같아요. 이렇게는 더 이상 못 살겠어요."

인생에서 가장 고통스러운 순간은 함께할 사람 앞에서 자신이 아무런 쓸모없는 사람처럼 느껴질 때이다. 누군가의 말처럼 바람과 비를 막아 줄 사람을 찾았는데 모든 비바람이 그 사람 때문에 일어날 줄은 몰랐던 것이다. 이것은 아마 결혼에 실패하는 원인 중 하나일 것이다.

어디 결혼뿐이겠는가? 삶의 모든 면에 이런 상황이 존재한다.

자녀는 우리 말을 듣지 않고 무슨 말만 하면 바로 방에 들어가 자기 세계에 빠져들기 일쑤다. 사장이 직원들 말을 듣지 않아 의견을 제시하면 핑계로 여긴다. 직원들에게는 관심이 없고 오로지 돈 버는 데만 혈안이 되어 있다. 친구에게 조언해 주지만 그는 한 귀로 듣고 한 귀로 흘리거나 자신의 편을 들어주지 않는다고 화를 낸다.

의사소통이 잘 안 되는 이유는 무엇일까? 바로 우리가 상대방을 바라보는 태도에 있다. 일반적으로 상대를 평가할 때 100점 만점에 90점 정도면 괜찮다. 그런데 우리는 부모, 배우자, 상사,

친구로서 상대방이 해낸 90점을 보는 습관이 있을까? 아니면 상대방이 하지 못한 10점에 초점을 맞출까? 분명히 후자다.

한 아이가 90점을 받았는데도 부모는 "왜 100점이 아니야. 왜 이렇게 부주의해? 이렇게 쉬운 문제도 틀리냐, 형편없어."라고 말한다. 아이 입장에서는 90점 정도면 괜찮은 줄 알았는데 부모에게 연거푸 혼난 것이다. 그때 아이는 어떤 마음이 들까?

모두가 자신이 옳다는 것을 증명하고자 한다. 상대방이 못 채운 10퍼센트를 비난하고 책망할 때, 상대는 자신이 해낸 90퍼센트를 보여 주려고 애쓴다. 그래서 다툼이 일어난다. 사실 다투는 쌍방은 모두 옳다. 단지 서로가 보는 시각이 다르고 관심의 초점이 다를 뿐이다.

이것이 바로 '무슨 말을 해도 상대방이 전혀 말을 듣지 않는' 중요한 이유다. 왜냐하면 상대방은 지금 온 힘을 다해 자신이 옳다는 것을 증명하는 데 초점이 맞춰져 다른 것을 볼 여력이 없다. 그렇기에 일단 상대방 견해에 동의한다면, 그것은 자신의 잘못을 인정하는 것과 같게 된다. 자기 가치가 충분히 높아서 솔직하게 잘못을 인정할 사람이 얼마나 될지 물어보라.

상대방의 부족한 부분에 초점을 맞출 때 우리는 어느새 그를

'잘못됐다'고 생각하고 자연히 그의 방어기제를 촉발해 마음의 문을 닫게 한다. 한 사람의 마음의 문이 닫혔는데 어떻게 소통이 되겠는가.

"나는 당신을 이해합니다"라는 값진 말

의사소통이 안 되는 사람은 없다. 단지 아직 적절한 소통 방법을 찾지 못했을 뿐이다. 심리학적으로 볼 때 소통하는 방법은 사실 간단하다.

먼저 상대방이 이미 '해낸' 부분을 보아야 한다. 그러고 나서야 다음에 어떻게 하면 더 잘할 수 있는지 상대방과 함께 의논할 수 있다. '상대가 옳다는 것을 인정한' 뒤에 더 잘할 수 있다고 말해주자. 만약 이렇게 소통한다면 누가 대화하고 싶어 하지 않겠는가? 앞의 예로 돌아가서 그 수강생이 나에게 이렇게 말했더라면 어땠을까.

"여러분의 강의는 너무 좋습니다. 저는 강의를 통해 많은 것을 배웠습니다. 이렇게 좋은 수업을 해 주셔서 감사합니다. 그런데 저는 원래 호텔에 머물지 않아도 되는 강의를 신청했는데, 이번에 강의 장소가 바뀌어서 집에서 멀어져 어쩔 수 없이 호텔에 묵게 되었습니다. 제 경제 상황이 그리 넉넉하지 않으니 여러분이 마지막 단계의 학비를 환불해 주시길 바랍니다. 다음에 기존의 강의실에서 강의가 열리게 되면 그때 다시 와서 이 단계를 듣겠습니다. 그렇게 해 주실 수 있으실까요?"

누가 이런 요구를 거절할 수 있겠는가?

사실 소통하기 어려운 상대는 없다. 다만 내가 상대방을 부정함으로써 상대방의 방어체제가 가동돼 소통이 차단됐을 뿐이다. 따라서 상대방이 이미 잘하고 있는 곳을 보고, 잘한 점을 인정하고, 그가 나를 신뢰하게 하고, 나를 편안하게 느끼게 된다면 그는 당연히 나의 의견을 받아들이게 될 것이다. 소통도, 협상도, 사람들과 어울리는 것도 마찬가지 원리다.

약간의 성의와 약간의 눈치, 그리고 약간의 스킬을 가지고 있으면 쉽고 지혜롭게 타인과 소통할 수 있다. 모든 관점이 "나는 당신을 이해합니다."라는 기초 위에 세워질 때 온 세상은 우리에게 미소 지을 것이다.

사랑은 늘
어렵다

사랑을 표현하는 방식

"내가 가진 모든 것을 주었는데도 왜 상대방은 자신을 사랑하지 않는다고 생각할까요?"

어느 날 나를 찾아온 내담자가 한 말이다. 그의 세계에서 사랑은 곧 '주는' 것이다. 또는 주는 것이 사랑을 표현하는 가장 좋은 방법이라고 생각한다. 가장 좋은 것을 기꺼이 상대방에게 주는 것, 이것은 누가 누구에게 사랑을 표현하는 방식일까? 부모가 아이를 대하는 방식이다.

"당신은 억울할 거예요. 모든 것을 주었는데도 여전히 상대방은 자신을 사랑하지 않는다고 말하니까요. 그것도 사귀었던 여성들이 모두 그렇게 말하는 게 이상하지 않나요?"

"이상해요. 혼자 계속 생각해 봐도 이해가 되지 않아서 선생님을 찾아온 겁니다."

"당신이 어릴 적에 누가 그런 방식으로 당신을 사랑하고, 가진 모든 걸 당신에게 주려고 했나요?"

한 사람이 다른 시간, 다른 환경, 다른 관계에서 같은 일을 반복하는 것을 심리학에서는 '내재적 패턴'이라고 한다. 이런 패턴들은 보통 가정이나 성장의 경험에서 만들어지므로 그에게 이런 패턴이 생긴 배경을 연구해 보고 싶었다. 그래서 그의 어린 시절을 물었다.

"우리 부모님이요."

내 짐작이 맞았다. 역시 부모님께 영향을 받은 것이었다. 나는 "당신은 부모님과의 관계가 어떤가요?" 하고 이어 물었다.

"저는 할아버지와 할머니 밑에서 자랐어요. 부모님이 맞벌이여서 집에 오는 일이 드물었고 거의 볼 수 없었어요. 하지만 저는 부모님의 인생이 쉽지 않았다는 것을 이해해요. 밖에서 힘들게 일해서 제가 공부할 수 있도록 하고, 부모님 당신은 좋은 것을 누리지 못하지만 저에겐 가장 좋은 것을 주셨어요. 그래서 부모님께 감사해요. 그들의 희생이 없었다면, 오늘의 저도 없었을 거예요. 그래서 저는 앞으로 두 분을 행복하게 살게 해드리겠다고 맹세했어요. 이제 제가 돈을 버니 두 분께 집을 지어 드리고 여행도 시켜 드리면서 잘 지내고 있습니다."

"그래서 당신과 부모님의 관계는 어떤가요? 아직 제 질문에 대답하지 않았어요."

"꽤 좋지요. 부모님은 지금 너무 기뻐하시고 주변 사람들은 모두 제가 집안의 자랑이라고들 하세요. 고향에 내려갈 때마다 체면이 섭니다."

"당신은 관계를 서로 무언가를 '주고받는' 것으로 해석하는 것처럼 들리네요. 제가 알고 싶은 것은, 당신과 부모님이 서로 친하게 지내는가예요. 부모님과 꼭 대화하고 싶다는 생각이 든 적 있나요?"

"아, 알다시피, 저는 어렸을 때부터 부모님과 함께 살지 않았어요. 그래서 우리는 대화할 거리가 거의 없죠. 하지만 그것이 우리의 관계에 영향을 미치진 않는 것 같아요."

"…."

그리고 나서 이어진 대화에 대해 다 설명하지는 않겠다. 그에게 돈은 곧 관계이고, 관계는 곧 돈이라는 사실을 다들 알아차렸을 것이다.

'내가 당신을 좋아하니 당신에게 모든 것을 주겠다. 내가 모든

것을 당신에게 주었다. 이것이 바로 당신을 사랑한다는 뜻이다.'

어릴 적 그는 부모와의 상호작용에서 이 점을 배웠지만 단지 이것만 배웠을 뿐이었다. 그는 관계 안에 친밀함과 복잡함을 경험한 적도 없고, 아직 모르는 부분도 있으며, 주는 것 말고도 사랑을 표현하는 방법이 다양하게 있다는 것을 알지 못했다.

그는 자신이 가진 것을 주면 그걸로 충분했다. 그가 어려서부터 겪은 부모와의 관계가 그랬다. 그런데 그의 여자친구는 어떨까? 그것만으로는 턱없이 부족한 것이다. 사랑의 의미가 워낙 풍부하므로 주는 것만으로 사랑을 표현하면 너무 약하다.

관계는 사랑만으론 충분하지 않다

결혼을 토론하는 강의에서 나는 수강생들에게 두 가지 질문을 자주 한다.

"당신은 배우자를 사랑하나요?"

아마 대부분 긍정적인 답이 나올 것이다. 하지만 두 번째 질문에 대해선 글쎄 짐작할 수 없다.

"배우자가 당신의 사랑을 느낄 수 있습니까?"

나는 대다수 사람이 부정적으로 대답하리라 생각한다.

소통의 의미는 상대방의 '반응'에 있다. 사람은 누구나 인생에서 친밀하게 사랑하는 관계를 찾고 사랑을 갈망한다. 그러나 관계 속에서 사랑을 주는 것만으로는 충분하지 않으며, 우리는 상대방이 그 사랑을 느끼게 해야 한다. 주는 것은 사랑의 표현 중 하나일 뿐이다.

모든 사람은 자라면서, 많든 적든 사랑을 표현하는 방식과 수용 방식을 배운다. 자신의 습관대로 사랑을 표현하는 것 외에 상대방이 받아들일 수 있는 방식으로 표현해야 상대방이 사랑을 느낄 수 있다.

미국의 유명한 결혼 전문가인 게리 채프먼Dr. Gary Chapman 박사는 사랑을 표현하는 데 5가지 '언어'가 있다고 말한다.

1. **인정하는 말**: 어떤 사람들은 오직 말로 표현해야 사랑이라고 느낀다. 말을 하지 않으면 아무리 많이 베풀어도 상대방이 자신을 사랑하지 않는다고 생각한다.

2. **함께하는 시간**: 같이 있으며 함께하는 시간, 같이 있어 주는 시간이 많을수록 사랑을 느낀다고 생각한다.

3. **선물**: 보이는 물질을 통하여 사랑을 표현한다.

4. **봉사**: 상대방을 위해 뭔가를 함으로써 사랑을 표현한다.

5. **스킨십**: 키스, 포옹, 터치, 악수, 성적인 사랑 등이 있다.

물론 게리 채프먼 박사가 제시한 이 5가지 언어가 전부라고 할 수는 없지만 충분히 참고할 만하다. 사실, 사랑의 표현이 구체적으로 얼마나 많은지는 중요하지 않고, 상대방이 무엇을 필요로 하는지를 찾는 것이 관건이다. 만약 정말로 상대방을 사랑한다면, 상대방을 위해 이렇게 할 가치가 있다.

상대방이 사랑을 느낄 수 있게 하려면 어떻게 해야 할까? 가장 좋은 방법은 솔직하게 소통하는 것이다. 모든 관계는 나에게 달렸다. 솔직하게 애인에게 알려 줘라. 상대방에게 무엇을 원하는지 표현해야 상대방이 나를 어떻게 대할지 방법을 알게 된다. 그렇지 않으면 상대방은 평생 자신의 습관대로 나를 대할 것이다.

물론 '알려줘서 그대로 하면 재미가 없다'고 하는 여성들의 얘기를 많이 들었다. 나는 그런 생각을 하는 사람에게 묻고 싶다. 부모조차도 우리가 바라는 바를 알지 못하는데, 하물며 성장 배경, 경험, 성별이 다른 사람이 어떻게 그 속을 알겠는가?

나는 위의 내담자가 여자친구를 정말 사랑한다고 믿는다. 그의 여자친구도 그를 똑같이 사랑했다. 최소한 처음에는 그랬다. 하지만 애석하게도 사랑하는 것만으론 부족하다. 사랑에도 방법과 사랑할 에너지가 필요하다. 어떤 일을 잘 해내기 위해 우리는 끊임없이 공부하고 일정한 업무 능력을 가져야만 능히 해낼 수 있는 것처럼 사랑도 마찬가지다.

　누군가를 사랑하기는 쉽지만, 상대방과 오랫동안 함께 지내면서 사랑을 유지하기는 쉽지 않다. 이것은 서로 함께 배우고 성장하는 것을 필요로 한다. 사랑은 아름답지만 지혜가 부족한 사랑은 종종 둘 모두에게 상처를 입힌다. 이 사실을 깨닫고 사랑을 위해 성장하려는 사람들이 많아졌으면 좋겠다.

'난 안 돼'라는
제한적 신념을 깨트리다

규칙을 지키며 사는 것이 가장 좋은 삶인가?

"아들이 대학을 졸업한 지 몇 년이 지났는데도 퇴근하면 집에
틀어박힌 채 아무 데도 안 나갑니다. 매사에 관심이 없고, 여자
친구도 아직 안 사귀어 봤는데 무슨 문제가 있는 거 아닌가요?"

어느 강의에서 한 학부모가 나에게 물었다.

"아들이 어렸을 땐 항상 당신의 자랑이었지요? 엄하게 아이를
교육해서 어렸을 때부터 말을 잘 듣고, 규칙을 잘 지켰지요?"

"맞아요. 어떻게 아셨어요?"

그녀는 점쟁이라도 만난 듯 놀라워하며 물었다. 나는 당연히

점을 볼 줄 모른다. 내가 짐작할 수 있었던 건 이런 사례를 너무 많이 봐왔기 때문이다.

부모는 자신의 아이가 말을 잘 듣기를 바란다. 다만 아이들이 부모 말을 잘 듣게 될 때 진귀한 것들이 소리 소문도 없이 사라질지도 모른다는 점을 간과했을 뿐이다. 이런 일들이 가정교육에서 일어나는 것은 정말 가슴 아프다. 만일 모든 아이가 규칙을 지키며 행동하고 말을 잘 듣고, 기존의 전통과 이념에 따라 세상을 살아간다면, 세상은 어떻게 변하고 또 발전할 수 있겠는가?

아인슈타인은 '개인의 독창성이 없는 사회는 발전이 없는 사회가 될 것'이라고 말한 바 있다. 개인에게 독창성이 있는지 없는지는 사회의 미래나 발전과 관련이 있다. 우리 인류 사회는 창의적 사고를 실천하고 발휘한 역사로 이루어졌다. 혁신이 없으면 사회는 정체되고, 역사도 앞으로 나아가지 못한다.

개인 또한 독창적이고 독립적인 사고가 없으면 경쟁이 치열한 사회에서 자멸하고 만다. 남이 가는 길을 따라가고 남이 하는 말을 따라 하고 남이 생각하는 문제를 생각한다면, 독립된 개체로서 우리가 존재하는 이유는 어디에 있겠는가? 자신의 생각, 아이디어, 길도 없이 우리는 결국 사람들 속에 파묻힐 수밖에 없다.

입시 교육이 주도하는 요즘 대다수 학부모와 교육자들은 지식을 주입하는 데 초점이 맞춰져 있다. 아이들이 출발선에서 뒤처지지 않도록 온갖 극성을 부리고 각종 규칙을 설정하며 어릴 적부터 아이들을 협소한 범위 안에서 규정한다. 그리고 그 영역에서 필사적으로 성장하도록 재촉한다.

그들의 모습은 마치 농가에서 부추를 재배하는 것과 같다. 더 많은 부추를 얻기 위해서 그들은 부추에 빛을 차단하고 완전히 어둡게 한다. 하지만 이러면 부추는 병이 들 수밖에 없다. 광합성 작용을 하지 못해 엽록소를 합성할 수 없기 때문이다. 나는 어떤 부모도 자녀가 아프기를 바라지 않는다고 생각한다.

'말을 듣지 않는' 아이로 키울 용기

건강한 아이는 생기가 넘친다. 생기 넘치는 아이가 되는 중요한 요소는 끊임없이 시도하고 끊임없이 혁신하는 것이다.

'혁신'이란 기존의 생각에 구속받지 않고 문제에 관한 새롭고 독특한 해답과 방법을 추구하는 사고방식이다. 쉽게 말하면 남이 하지 않은 말을 하고 남이 하지 않은 일을 하며 남이 생각하지 않은 것을 생각하는 것을 말한다.

모든 사람은 창조적인 사고를 하지만 개발되는 정도가 달라서 일부 사람들의 창조적인 생각은 사라지기도 하고, 누군가는 잘 개발되기도 한다. 샤오미의 창업자인 레이쥔雷軍은 인터뷰에서 "어릴 때 라디오·TV를 분해하는 걸 좋아했는데 아버지가 격려하고 지원해주셨습니다. 이런 취미는 부모님의 지원 없이는 할 수 없었는데 그 시절엔 특히 그것들이 비쌌기 때문이죠. 하지만 아버지는 그 물건들을 사주는 데 돈을 아끼지 않으셨습니다. 어릴 적부터 몸에 밴 무선 가전제품에 대한 흥미로 인해 40대에 재창업할 때 스마트폰 분야를 선택했습니다. 어렸을 때 싹튼 취미를 중년이 돼서야 실천할 기회가 생긴 것도 인생의 즐거움이라고 생각합니다."라고 말했다.

레이쥔의 창의적인 아이디어는 부모의 격려와 지원을 받았지만 다른 사람들은 이만한 행운을 누리지 못할 수도 있다. 시골에서 자란 나는 어릴 때부터 기상천외한 아이디어가 많았다. 하지만 안타깝게도 우리 어머니는 매우 엄한 분이셨다. 어머니는 매번 나에게 이것도 할 수 없고, 저것도 할 수 없다고 말하셨다. 그녀의 세상에서는 규범에 따라 행동하고 잘못을 저지르지 않는 것이 최고의 인생이었다. 가정교육이 무척 엄격한 탓에 나는 어릴 때부터 매우 말을 잘 들었다. 그렇게 어른이 된 후의 나는 어떤 일도 규칙대로 하고, 어떤 잘못도 범하지 않으며, 혁신은 더더욱 논할 수 없는 젊은 '노인'이 되었다.

나를 오래 알고 지내던 많은 친구가 말했듯이, 오히려 지금은 내가 점점 젊어지는 것 같다. 내 몸이 젊어지는 게 아니라 내가 그들에게 보이는 분위기가 점점 젊어지는 것이다. 왜 그럴까? 지난 20여 년간 심리학과 동반하면서 어머니가 쳐두었던 경계 boundary에서 한 걸음 한 걸음 나올 수 있도록 잘 치료받을 수 있었기 때문이다. 경계를 벗어나 다시 햇빛을 보게 되니 당연히 점점 더 생기가 넘치게 된 것이다. 사실 나는 항상 생기가 있었는데 단지 보이지 않는 무언가에 얽매여 눌려 있었던 것이다.

유명한 이야기가 하나 생각난다. 서커스단 안에 작은 코끼리가 한쪽 발이 쇠사슬에 매인 채로 나무에 묶여 있었다. 아기코끼리는 빠져나가려 하지만 자기 힘으로는 도저히 할 수 없었다. 발버둥 칠 때마다 쇠사슬은 그 다리를 옥죄었고, 발버둥 칠수록 상처는 더욱 깊어졌다. 심지어 피부가 찢어져 살이 터질 지경이 되었다. 아기코끼리가 어느 정도 성장하자 이제는 쇠사슬과 말뚝을 끊어내고 탈출할 충분한 힘이 생겼다. 하지만 탈출을 시도하지 않았다. '내가 아무리 노력해도 빠져나갈 수 없다'는 인식이 자리 잡았기 때문이다.

사람도 이 코끼리와 같이 실제로 많은 일을 할 수 있는 능력이 있는데 어릴 때부터 형성된 믿음으로 그렇게 하지 못하는 이들이 많다. 스스로에게 한계를 짓는 신념('난 못해', '어차피 해 봤자 안 될 거야' 등)을 심리학에서는 '제한적 신념'이라고 부른다.

이런 제한적 신념은 보통 가정교육이나 학교 교육을 통해서 만들어진다. 이는 아이의 안전을 보호하기 위해서 혹은 부모나 교육자 자신이 인지하는 한계로 인해, 또는 아이가 어떤 영역에 집중하기를 부모가 원하기 때문에 형성된다. 아이가 알 수 없는 것들을 향한 궁금증으로 탐색하려 할 때 부모는 항상 '안 된다, 불가능하다'며 제한한다. 부모를 향한 타고난 사랑과 충성심 때문에 이런 제한은 어느새 아이의 뇌 속에 일종의 구속을 형성한다. 그리고 이런 구속은 바이러스적 신념이 되고, 이를 심리학에서는 '무기력'이라고 한다.

무기력은 절망을 불러온다. 이는 우리에게 가장 큰 살상력을 발휘해 어떤 가능성에도 소망을 갖지 못하게 한다. 이런 신념을 가진 아이는 어떤 일 앞에서도 나는 할 수 없고, 다른 사람도 할 수 없고, 어떤 시도도 할 수 없다는 단 하나의 생각에 빠진다. 그래서 어떤 일이 있어도 노력하지 않으려 한다. 아주 간단한 일 앞에서도 말이다. 도움도 청하지 않고, 할 수 있는 사람이 없다고 생각하는데, 굳이 누가 도와주겠는가.

한 번 이런 신념이 생기면 그의 삶은 발전을 멈춘다. 이런 신념이 쌓이면 쌓일수록 절망적인 상황에 빠지고 결국 삶을 포기하는 지경에 이르기도 한다.

지금 잠깐 할 수 없는 일이라고 해서 앞으로도 불가능한 것은 아니다. 과학 기술은 나날이 발전하고 있다. 이전에 하지 못했던 것들을 지금 하나씩 하고 있지 않은가? 사람은 날개가 없어서 날 수 없는데 라이트 형제는 비행기를 발명했다. 사람은 중력을 벗어나 달나라로 갈 수 없는데 우주선을 발명했다. 사람에겐 저 멀리 소리를 듣는 초능력이 없는데 전화기를 발명해 멀리 떨어져 있는 사람과 이야기를 나눌 수 있게 되었다. 천리안 없이도 영상통화를 발명해 상대의 일거수일투족을 볼 수 있다. 아직도 인류에겐 불가능한 것들이 많을지 모르지만, 내일이면 가능할지 누가 알겠는가?

말을 잘 듣는 아이는 사실은 수많은 가능성을 박탈당한 아이다. 부모가 원하는 대로만 할 뿐 부모가 허락하지 않는, 혹은 부모가 가진 인지의 한계로 인해 어떤 영역의 경우는 어느새 닫혀 버렸을 수 있다. 그런 아이들이 크면 프랭클린이 꿈을 잃은 사람들을 향해 한 말처럼 '스물다섯 살 때 죽었으나 75세에 장례식을 한' 꼴이 된다. 죽은 것은 그들의 육체가 아니라 마음의 희망, 그리고 인생의 무한한 가능성에 대한 믿음이다.

영혼의 날개를 잃은 아이는 어떻게 다시 날 수 있을까?

과학 기술의 혁신을 선도해 온 애플 창업자 스티브 잡스는 '초심자의 마음가짐'을 강조한 바 있다. 초심자의 마음가짐은 행동하려는 자들이 따라야 하는데, 겉모습에 현혹되지 말고 사물의 본질을 꿰뚫어 보고 근거 없이 추측하거나 기대하거나 독단적이거나 편견을 갖지 않는 마음이다. 초심자의 마음가짐은 신생아가 세상을 마주하는 것처럼 호기심과 지식을 향한 열망, 찬탄으로 가득 차 있다.

아이의 날개는 세상에 대한 호기심과 알고자 하는 욕구이다. 부모로서 사사건건 아이를 가로막고, 매사 부모 말에 순종하라고 강요한다면 이는 아이의 날개를 잘라버리고 천성을 죽이는 일이다. 영혼의 날개가 없는 아이가 커서 어떻게 날개를 펴고 날 수 있겠는가.

그렇다면 어떻게 해야 아이의 영혼의 날개를 잘 보호할 수 있을까? 아이가 안전한 경계 안에서 과감한 시도를 할 수 있게 허용하면서 동시에 매사에 궁금증을 일깨워 줘야 한다. 멘토의 기술 중 좋은 대화 패턴이 있다.

아이가 문제를 물을 때 절대 서둘러 답을 주지 마라. 설사 답을 알고 있더라도 아이가 스스로 생각해서 답을 얻을 수 있게 기회를 준다. "너는 어떻게 생각하니?"라고 반문할 수 있다. 아이가 한 가지 답을 말할 때는 "다른 답은 더 없을까?"라고 묻고 아이에게서 두 가지 답이 나온다면 "방금 말한 것 말고 또 있니?"라고 물어본다.

부모가 아이와 이렇게 대화할 때, 아이는 은연중에 개방적인 사고 습관을 갖게 되고 아이의 내면에는 이러한 신념이 형성될 것이다.

"모든 일은 3개 이상의 해결책이 있다."
"모든 것이 가능하다."
"방법은 항상 있다. 다만 내가 잠시 생각하지 못했을 뿐이다."

이 방법은 아이뿐만 아니라 어른에게도 똑같이 효과가 있다. 회사의 리더가 이런 식으로 직원을 관리하면 직원들은 자기도 모르게 창의력을 발휘하게 된다. 그리고 이런 분위기 아래에서 일하는 직원들은 만족스러운 성과를 얻을 것이다. 자신의 업무 가치가 효과적으로 발휘되기 때문이다.

우리는 종종 제한적인 생각으로 무한한 세계를 해석하며 자신의 일생을 보이지 않는 감옥에 가둔다. 하지만 안타깝게도 그 사실을 전혀 알아채지 못한다. 더욱 안타까운 것은 스스로 자신을 제한하는 데 그치는 것이 아닌, 자신의 아이에게도 영향을 미친다는 것이다. 부모로서 자신의 인생이 어떻게 지금까지 왔는지조차 모르는 경우가 있는데 어떻게 아이의 인생을 조종하고 계획할 수 있겠는가. 나도 잘 모르는 나의 길로 아이를 가르치려 하지 마라. 어쩌면 아이는 나보다 더 지혜롭게 자신의 길을 헤쳐나갈 수 있을 것이다.

부모와의 관계는
모든 관계의 근원

인간관계는 행복에 직접적인 영향을 미친다

우리는 사람들을 만나 주로 연애, 직장생활의 인간관계, 가족 관계에 관해 이야기한다. 삶의 어느 부분을 이야기해도 '관계'라는 주제를 빼놓을 수 없다. 그렇다면 관계는 우리 인생에 어떤 영향을 미칠까?

하버드대학의 로버트 월딩어^{Robert Waldinger} 교수는 75년간 지속한 실험을 TED에서 공유했다. 십대에서 노년까지 무엇이 사람들을 행복하고 건강하게 하는지를 실험했다. 결론적으로, 가장 행복한 사람은 자신의 에너지를 관계, 특히 가족과 친구, 주변 사람들에게 쏟은 사람이다. 즉, 다른 사람들과 형성하는 관계는 그의 삶의 행복 정도에 직접적인 영향을 미친다는 것이다.

실제로 하버드대학의 이 연구 성과는 심리학에서 말하는 관계이론을 대부분 입증했다. 대부분의 심리학파에서 관계의 중요성을 강조하며 부모와의 관계가 행복지수를 결정짓는다고 생각하는 심리학자도 적지 않다. 물론 모두가 이 관점에 동의하는 것은 아니지만 말이다.

나는 전문가가 아니라서 부모와의 관계가 행복에 얼마나 영향을 미치는지 모르지만, 부모와의 관계 개선으로 인해 인생이 얼마나 변했는지 증명하는 사례는 많이 알고 있다.

우리 회사에 40세가 되어가는 고위 임원이 있다. 그녀는 다른 사람들과 친밀하게 지내지 못했으며 몇 차례 연애를 한 적은 있지만, 매번 결혼 직전에 헤어지고 말았다. 그녀는 가족에 대해 거의 얘기하지 않았고 매년 설 명절에 온 가족이 모이는 날이면 다른 곳으로 여행을 떠났다. 그녀의 가족에 대한 정보가 없어서 우리는 그녀가 싱글을 즐기는 여성이라고 생각했다.

그런데 어느 날 갑자기 그녀가 나를 찾아와 "단장님, 집에 가봐야겠습니다."라고 말했다. 그녀는 담담하게 말했는데 그 안엔 분명히 내가 이 부탁을 거절하지 않았으면 하는 마음이 느껴졌다. 알고 보니 그녀는 어린 시절부터 자녀 없는 삼촌에게 맡겨져 그곳에서 자랐다. 이 때문에 그녀는 친부모가 자신을 버렸다는 원망에 집과 연락을 완전히 끊고 지내고 있었다. 그런 그녀가 갑자기 고향을 방문한다니 특별한 이유가 있을 것이라는 생각이 들었다.

그녀는 "그동안 단장님이 어머니를 돌보시는 모습에서 크게 감동했습니다. 저도 한번 부모님과의 관계를 개선해 보고 싶어요."라고 떨리는 목소리로 말했다. 나는 서둘러 그녀의 휴가 신청서에 서명했다.

일주일 뒤 그녀는 피곤한 기색은 역력했지만 눈은 반짝이고 있었다. 그리고 기운 찬 목소리로 이렇게 말했다.

"부모님에게 왜 저를 삼촌 집으로 보냈냐고 물어보았습니다. 그 당시 삼촌은 아이를 간절히 원했답니다. 그래서 제가 맏이고 철이 들어서 삼촌에게 폐를 끼치지 않을 것 같아서 제가 그 집으로 가게 되었다고 하더군요. 이제야 제가 원하는 답을 찾았어요."

이후 그녀는 결혼도 하고 자녀도 낳아 행복한 가정생활을 영위하는 모습을 보여 주었다.

좋은 관계가 없으면 인생의 좋은 경험이 있을 수 없다

주변 사람들과 친밀한 관계를 잘 유지하지 못하는 사람들도 분명 성공할 수 있다. 한 미국인 멘토와 함께 작업한 적이 있었는데 그녀는 60대 싱글 여성으로 심리학 분야의 권위 있는 전문가였다. 그녀는 전공 면에서도 훌륭하고, 강의하는 스타일이나 케이스 처리 능력까지 탁월하여 학생들에게 인기가 많았다. 대다수 사람의 눈에 그녀는 단연 성공한 사람으로 여겨졌다.

나는 그녀와 1년 동안 함께 작업을 하고 아쉽게 마무리를 지어야 했다. 일하면서 갈등이 자주 있었기 때문이다. 그녀가 시킨 일은 조금의 변동 없이 그대로 진행되어야 했기에 사람들의 피드백에 따라 수업 내용을 조정해야 할 때면 갈등이 빚어졌다. 예를 들어 강의실 배치 같은 사소한 일조차 조정이 쉽지 않았다. 실무적인 협상이 자주 갈등으로 이어져 쌍방이 협력하는 과정에서 서로 불쾌감이 쌓였다. 그래도 그녀는 심리학자로서 늘 솔직했고, 갈등 후엔 매번 "단장님, 저는 한 번도 결혼해 본 적이 없어서 사람들과 어떻게 지내야 하는지 모르겠어요. 혼자 사는 것을 좋아해서 남이 저를 바꾸는 것에 익숙하지 않아요."라고 말했다.

나는 그녀의 무의식적인 말을 간파했다. '당신들은 내가 말한

대로만 할 수 있다.'라는 뜻이 내포되어 있었다. 타협 없는 협업은 고난만 자초할 뿐이다. 결국, 나는 어쩔 수 없이 포기하고 말았다.

외적인 조건에서 보면 그녀는 성공한 사람이었고, 아마 그녀도 혼자만의 시간을 즐겼을 것이다. 그러나 인간은 혼자서 살아갈 수 없는 존재다. 항상 사람들과 어울려야 하는데, 그때마다 즐겁지 않다면 그것을 성공이라고 할 수 있을까?

성공이란 무엇인가? 부, 권력, 명예라는 왕관을 씌워주며 사회적으로 인정받는 것을 말하는가? 평범한 사람이 가질 수 없는 부와 권력, 명예, 지위를 얻었지만, 관계 안에서 행복하지 않고, 주변 사람들과도 조화를 이루지 못한다면 부와 권력이 그에게 행복을 줄 수 있겠는가? 이런 사회적인 의미의 성공은 정말 의미가 있을까?

나는 '아니'라고 생각한다. 관계는 인생의 어느 한 부분이 아니기 때문이다. 심지어 관계는 삶 그 자체라고 할 수 있다. 우리는 관계 속에서 인생을 경험하기 때문이다. 좋은 관계가 없으면 인생에서 좋은 경험을 하기 어렵다. 미국 최고의 심리학자 브레네 브라운Brene Brown 은 말한다.

"관계는 우리 인생에 의미를 부여한다."

모든 관계는 10단계를 거친다

사람에게 관계가 이렇게 중요한데, 어떻게 좋은 관계를 만들수 있을까? 결혼 관계에서 우리는 관계가 발전하고 변하는 일정한 규칙을 볼 수 있다. 두 사람은 끌리는 순간부터 헤어지기까지통상적으로 10단계를 거친다. 물론 자아 가치가 높은 사람들은 꼭 뒤에 몇 단계까지 간다고는 할 수 없다.

1. **끌리는 단계**: 이성 간에 자연스러운 끌림.

2. **감상하는 단계**: 호르몬의 영향으로 콩깍지가 씌어서 상대방의 좋은점만 보인다. 제 눈에 안경 상태가 됨.

3. **스며드는 단계**: 점차 서로 조화를 이루면서 사랑에서 정의 감정을 느낀다. 서로의 좋고 나쁜 모든 것에 습관이 됨.

4. **기대하는 단계**: 습관이 되지 못한 부분의 경우 상대방이 변하고 더나아지길 바란다. 이 단계의 관계는 그래도 아직 희망이 있음.

5. **실망하는 단계**: 기대하는 것이 충족되지 못하면 실망하게 된다. 이때관계는 긍정적이고 낙관적인 것에서 부정적이고 비관적으로 변한다.만약 실망이 더 깊어지면 아래 단계에 들어가게 됨.

6. **환각에 빠진 단계**: 실망이 쌓일수록 상대방에게 부정적인 딱지를 붙이기 쉽다. 그리고 증거를 모아 자신의 판단이 옳음을 증명하려 한

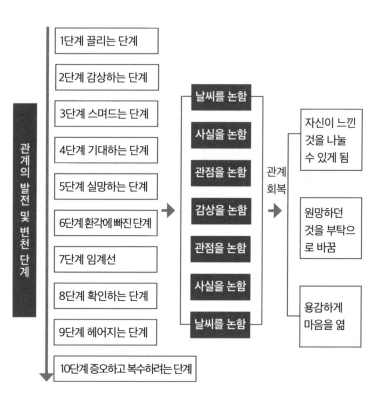

다. 하지만 이런 증거는 환각에서 나온 것임.

7. **임계선**: 망설이는 단계로, 떠날지 말지, 헤어질지 말지 좌우로 흔들리는 불확실한 단계이다. 일단 임계선을 넘어서면 다음 단계로 가게 됨.

8. **확인하는 단계**: 이혼을 결심하거나 헤어지면 어떤 환상도 품지 않는다. 두 사람은 각각 증거를 수집해 당시 부정적인 환각이 진짜였음을

증명한다. 이것이 확인 기간이다.

9. **헤어지는 단계**: 수집한 증거가 확인이 가능할 정도로 충분할 때 이 단계로 넘어간다. 대부분 이 단계가 되면 끝나게 되는데, 한 사람의 자아 가치가 낮으면 다음 단계로 넘어가게 된다.

10. **증오하고 복수하려는 단계**: "내가 가질 수 없는 것은 너도 가지려 하지 마", "너는 날 못살게 굴었으니 나도 너를 못살게 할 것이다." 라며 무의식적으로 상대방의 현재 생활을 망친다.

이 10단계의 관계 변화는 두 사람의 대화 내용에서 드러난다. 미국의 가족치료 심리학자인 버지니아 사티어는 관계에서 두 사

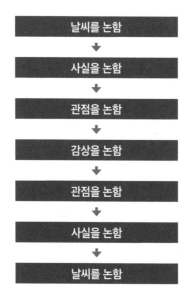

람이 하나 되는 것에서 헤어지기까지 보통 다음 단계를 거친다
는 것을 발견했다.

처음 만난 두 사람이 자연스럽게 날씨 이야기로 시작해 자신
의 감상을 얘기하고 그리고 상대방에게 자신의 '연약함'을 표현
하면 두 사람은 연결되어 아름다운 관계를 맺게 된다. 만약 이
관계가 유지되지 않으면 좋은 관계는 반대 방향으로 흐르기 쉽
다. 두 사람 사이에 더 이상 '감상'을 나누지 않을 때, 관계는 멀
어지기 시작한다. 자신의 관점까지도 말하지 않으려 하고 사실
만 이야기하고 날씨 얘기만 하다 보면 관계는 결국 파탄이 난다.

부모와의 관계는 모든 관계의 근원이다

위와 같은 규칙을 알게 되면 우리는 어떻게 관계를 회복해야
하는지 알 수 있다. 두 사람이 관계를 맺는 과정에서 실망하는
시기에 대부분의 사람은 상대방에게 자신의 기대와 솔직한 감정
을 말하지 못하고, 실망이 누적되면서 관계가 환각기에 접어들
어 악화하다가 결국 파국을 맞는다. 따라서 관계를 회복하는 방
법은 다음과 같다.

1. 감정을 과감하게 표현하라

의견이 엇갈리면 사람들은 늘 도리를 이야기하고 옳고 그름을 따지길 좋아한다. 모든 사람은 자신만의 도리가 있고 자신이 옳다는 것을 증명하고 싶어 하기 때문이다. 관계에서 도리를 따지면, 싸움은 영원히 끝나지 않는다. 말싸움에선 이길지 몰라도 관계를 잃을 수 있다.

반대로 우리가 관점을 뛰어넘어 다른 의견을 허용하고 수용한다면 감정적으로 상대와 연결될 수 있다. 결혼은 일종의 감정을 바탕으로 한 관계이므로 우리가 이야기해야 하는 것은 감정이지 도리가 아니다. 감정을 움직여야만 이치를 분명하게 알 수 있다.

2. 원망을 부탁으로 만들라

우리는 너무 불평하는 데 익숙해져 있다. 하지만 불평하는 것은 책망하는 느낌이 있다. 그래서 우리는 원망을 '부탁'으로 만들어야 한다. 인간은 관계를 맺고 있는 상대방에게 바라는 바가 있기 마련이다. 만약 쌍방, 특히 여성의 경우, 모두가 내면의 진실함만 바라고 상대방에게 이야기하기를 꺼린다면, 상대방은 나의 바람을 알아차리거나 알아맞힐 수 없다. 그렇게 바람은 실망으로 바뀌고 실망은 원망을 낳는다. 말하지 않으면 상대방은 내 마음을 영원히 알지 못한다. 만약 불평을 부탁으로 바꾸어 내면의 솔직한 기대를 털어놓는다면, 상대방은 나의 요구를 들어주려고 노력할 것이고, 관계는 좋은 방향으로 발전할 것이다.

3. 용감하게 자신을 활짝 열어라

친밀함이란 다른 사람 앞에서 두려움이 없다는 것이다. 우리가 자신을 활짝 열고 아낌없이 솔직해질 수 있을 때 상대와 연결될 수 있다. 연결되는 것이 진짜 친밀해지는 것이다.

낯선 사람끼리도 관계를 맺을 수 있는데, 하물며 관계를 맺고 있는 두 사람은 어떻겠는가? 처음 연애할 때만큼의 용기를 낼수만 있다면, 돌파할 수 없는 관계란 없다. 물론 시도하고 행동하지 않으면 관계는 달라지지 않는다.

모든 관계에서 가장 중요한 것은 부모와의 관계다. 이것은 모든 관계의 근원이며 우리는 그 관계에서 사람들과 어떻게 어울리는지 배우고 그것을 다른 관계에도 적용한다. 그래서 부모와의 관계는 우리의 이성 관계, 친구 관계, 심지어 협력 관계에도 직접적인 영향을 미칠 수 있다. 관계 개선을 위해서는 부모와의 관계를 개선하는 것부터 시작하는 것이 좋다.

나는 한 사람의 성공, 행복이 부모를 이해하는 것과 관련이 있느지에 대한 충분한 증거는 없지만, 부모와의 관계는 여러 관계의 한 종류이고, 대부분의 인간관계 문제는 부모와의 관계에서 원인을 찾을 수 있다는 것을 알고 있다. 만약 한 사람이 용감하게 부모와의 관계를 돌파할 수 있다면, 다른 관계도 개선될 수 있다. 부모와의 관계는 모든 관계의 근원이기 때문이다. 부모와의 관계를 개선하는 것은 기본적인 관계의 패러다임을 바꾸는 것이다.

물론 나는 모든 사람에게 부모님을 받아들이라고 강요하지는 않는다. 하지만 언젠가 용기를 내서 관계의 벽을 뛰어넘어 부모와의 관계를 회복할 수 있다면 나의 인생은 분명 달라질 것이다.

마크 트웨인이 경고했던 것처럼, 시간은 흘러가고, 인생은 짧으니 다툼과 사과, 슬픔과 책망하는 것에 시간을 허비하지 말자. 내게 주어진 시간을 한순간도 놓치지 말고 사랑하자.

나를 조종하는 말,
"넌 위해서야"

누군가를 통제하려 할수록 반작용이 커진다

'인생 소프트웨어 업그레이드' 수업의 수강생이었던 그녀는 목소리가 작고 부드러웠으며 조용하고 착했다. 수업에 적극적으로 참여하지 않았기 때문에 솔직히 나는 그녀가 자신의 이야기를 꺼내기 전에는 그녀의 존재를 알아채지 못했다. 하지만 그녀가 입을 열자 나를 포함해 그 자리에 있던 모든 사람이 깜짝 놀랐다.

"언젠가 저는 누구도 돌이킬 수 없는 큰 사고를 치고, 지금의 제 생활을 완전히 깨버릴 것 같다고 늘 생각했어요."

그녀는 작은 소리로 말하면서 두 손을 조심스럽게 무릎 위에 올려놓았는데, 눈에는 뭔가 심상치 않은 빛이 번득였다.

"그때가 되면 저희 아빠는 틀림없이 놀라실 거예요."

여기까지 말한 후 그녀는 입을 가린 채 조용히 웃었다.

그녀는 명문대를 졸업했고 남편은 젊고 유망했다. 부부가 모두 공무원이어서 사람들이 질투할 정도였다. 그러나 그녀는 마치 망가진 공주처럼 자신의 아름다운 인형을 부수기만을 원했다. 나는 더 참지 못하고 "왜 그런가요?"라고 물었다.

그녀가 들려준 이야기는 나의 마음을 아프게 했다. 그녀는 자신이 배우이고, 아버지는 그녀의 인생이라는 연극의 감독이라고 말했다. 아버지의 지도 아래 그녀는 자신의 인생을 연기하고 있었다. 그녀의 인생은 줄곧 아빠에 의해 적절하게 계획되어 있었다. 유치원에서 대학까지 어떤 전공을 하고 어떤 직업을 선택할지, 현재 남편을 포함해서 모두 아버지가 혼자 만든 것이었다. 아버지의 능력과 자원으로 한 걸음 한 걸음 나무랄 데 없는 최고의 인생을 걷고 있는 것은 사실이다.

하지만 왠지 그녀의 마음속에는 저항하고 싶은 마음이 솟아오르고 있었다. 그녀는 이런 삶을 원한 적이 없었기 때문이다. 그래서 '큰일을 하나 저질러서 끝내자'는 생각이 그녀의 마음속에서 강해진 것이었다.

우리는 종종 누군가에게서 "다 너를 위해서 하는 말이야."라는 소리를 들어본 적이 있을 것이다. 그들은 부모님, 할머니, 할아버지, 선생님, 혹은 경험 많은 분들로, '너를 위해서'라는 이유로 우리의 인생을 계획하고 감독한다. 하지만 이것이 정말 '나를 위한 것'일까?

우임금이 물을 다스린 이야기는 익히 알 테지만, 우의 아버지가 치수治水한 이야기는 잘 모를 것이다.

요임금이 나라를 다스릴 때, 황하 유역의 수해가 범람하여 농작물이 침수되고 집이 파괴되어 백성들이 피해를 많이 입었다. 우임금의 아버지 곤은 물난리를 잘 다스리려 하였으나 9년이 걸려도 제대로 다스리지 못했다. 결국 홍수로 제방이 무너지고 많은 사람이 익사해 피해가 커졌다. 요임금을 대신하여 부락의 수령이 된 순임금은 곤의 치수가 부적절함을 알고 그 책임을 물어 곤을 사형에 처했다. 그리고 곤의 아들 우에게 치수하게 함으로써 우임금의 치수 이야기가 생겨난 것이다.

우임금은 아버지 곤의 치수법을 바꿔 수로를 열어 물을 끌어와 물길을 통하게 했고, 홍수를 바다와 논밭으로 끌어들여 이롭게 했다. 우임금은 물난리를 잘 다스렸고, 이로 인해 백성들의 사랑을 받아 순을 이어 임금이 되었던 것이다.

같은 치수라도 방법에 따라 완전히 다른 결말을 보게 된다. 치수가 이러한데 하물며 '치인治人'은 어떻겠는가.

곤이 물을 다스렸던 방법은 사실 일종의 '통제'다. 통제란 무엇인가? 안전이나 다른 목적을 위해 인위적인 힘으로 일이 자신의 뜻대로 풀리게 하는 것이 바로 통제다. 예컨대 곤의 경우, 그는 홍수를 다스려 백성의 평안함을 보장하려 했다. 하지만 통제는 반드시 부작용이 생긴다. 이 두 힘이 맞설 때 자신의 힘이 소모될 뿐만 아니라 만일 어느 한쪽이 실패한다면 더 큰 재앙을 불러올 수 있다. 곤의 예가 이를 잘 보여 준다.

이처럼 한 사람을 통제하는 것은 그가 반항하게 되는 시작이며 역기능을 가져온다. 위 사례자의 그녀가 계속 사고를 치려고 하는 이유는, 그녀의 과거 인생이 아버지에게 조종되어 왔고, 순순히 말을 잘 듣는 겉모습 이면에 반항의 힘을 억누르고 있었기 때문이다. 다만 이 힘이 아직 통제를 돌파할 만큼 강하지 않을 뿐이다.

우리는 일단 이 힘이 솟구쳐서 아버지의 조종을 깨뜨리면 겉으로 번지르르했던 이 가정이 위태로워질 것을 안다. 착한 아이의 내면에 있는 저항의 힘이 폭발하면 그 파괴력은 상상조차 할 수 없이 크다. 작용력이 클수록 반작용이 커지기 때문이다.

내면이 평안하고 느긋한 상태인 안전감이 중요하다

　한 사람을 조종하는 대가가 이렇게 큰데, 왜 우리는 다른 사람을 조종하는 것을 그토록 좋아할까? 특히 부모가 자녀에 대해 그렇다. 자신의 아이를 사랑하지 않는 부모는 세상에 없다. 그런데도 부모는 사랑이라는 이름으로 아이를 조종한다. 조종하게 하는 배후의 원인은 도대체 무엇일까? 심리학에서는 조종의 배후에 '안전감 부족'이 있다고 말한다.

　안전감은 안정을 갈망하는 심리적 필요로, 두려움과 불안에서 벗어난 뒤에 마음이 편안하고 느긋하며 안정되고 자유로운 감정을 말한다. 이 감정은 신체나 심리에 대한 위험이나 위험에 대한 예감, 그리고 개인이 일을 대처할 때 느끼는 강력하거나 무력한 감정으로, 주로 자기 확신과 자기 통제로 나타난다.

　안전감이 부족한 사람은 자신의 확신과 통제력을 높이기 위해 자신도 모르게 주변 사람, 특히 약자들을 자신이 원하는 대로 일하게 하고, 심지어는 일생을 그렇게 살게 한다. 그들은 이를 '너를 위해서'라고 생각하지만, 사실은 자신이 더 많은 통제력을 통해 더 안전하다고 느끼기 위해서일 뿐이다.

우리는 안전감을 느낄 때 자신의 삶에서 통제할 수 있는 부분을 끊임없이 향상시킬 수 있고, 알 수 없는 영역에 대한 대처 능력이 생기며, 자신의 방식으로 일하게 된다. 그래야 주변에 사는 사람들도 진정으로 자신의 모습대로 살아갈 수 있다. 그렇지 않으면 조종자의 꼭두각시가 될 수 있다. 따라서 한 사람의 안전감이 그 주변 사람들의 삶의 질에도 영향을 미친다.

안전감은 여러 가지 요인의 영향을 받는다. 정신분석학파는 안전감이 어린 시절에 자라난 환경과 관련이 있다고 말한다. 성장 초기에 부모나 다른 중요한 후견인의 보살핌을 받는다면 세상을 안전하다고 느낀다. 반대의 경우엔 안전감이 부족해진다.

아이의 인생을 조종하지 마라

어떻게 해야 자신의 안전감을 높일 수 있을까? 가장 좋은 방법은 당연히 심리상담사를 찾거나 강의를 통해 내 안의 부족함을 치유하는 것이다.

두 번째 방법은 심리학에서 유명한 독거미 실험에서 알 수 있다. 이 실험을 통해 많은 사람이 독거미와 마주할 때 마음속에 두려운 마음이 가득하다는 사실을 밝혀냈다. 그런데 "나는 무섭다. 두렵다."라고 말을 했을 때 두려움이 크게 줄었다. 그래서 걱정거리를 마음속에 담아 두지 않고 말을 하면 두려움이 줄어든다는 것을 알아냈다. 예를 들어 항상 아이를 조종하고 싶어 하는 부모는 아이에게 자신의 걱정을 털어놓음으로써 자신의 안전감을 높이고 아이는 더 많은 자유를 얻을 수 있다.

"얘야, 네가 전공을 잘못 골라서 나중에 좋은 일자리를 못 구할까 봐 걱정돼.", "얘야, 너의 미래가 좀 걱정이 되네."라고 말을 하는 것이다.

세 번째 방법은 우임금의 치수에서 나왔다. 앞서 말했듯이 곤의 치수는 둑을 쌓고 막는 방법을 썼고, 우는 물길을 통하게 하는 방법, 즉 끌어당기는 방법을 썼다. 그들은 동일한 힘으로 홍수라는 같은 위험을 마주했지만, 사용한 방법이 달랐고 결과도 전혀 달랐다.

불안전감은 홍수와 같은 것으로 일종의 에너지인데 그것을 억누르고 제어하다가 그것의 힘이 강해지면 결국 걷잡을 수 없는 날이 온다. 통제하기보다 우처럼 그 힘을 끌어당겨서 자신의 성장 동력으로 만들어라. 사람이 안전하지 않다고 느끼는 이유는 자신이 너무 약하기 때문이다. 자신의 내면이 강해지면 자연히 안전하다고 느끼게 된다. 같은 두려움이라도 어떤 것은 남을 조종하는 이유가 되고, 어떤 것은 스스로를 강하게 만드는 힘이 된다.

우리는 모두 착한 마음을 가지고 있지만, 착한 마음만으로는 부족하다. 방법이 필요하다. 우리가 모두 '나는 너를 위해 이렇게 하는 거야'라는 이유로 다른 사람의 삶을 조종할 때 그 선량함은 남에게 상처를 주는 원인이 된다. 우리는 이러한 행동의 배후에서 자신의 안전감 결핍을 인정하고 받아들여야 한다. 그래야 주변 사람들의 삶이 조금이나마 나아질 수 있다.

아이가 아무것도 모를 때 부모가 좀 안내하고 통제해 줘야 하지 않느냐고 말할지도 모른다. 나는 지금 부모들에게 아이를 내버려 두라고 말하는 것이 아니다. 정말 신변에 위협을 줄 수 있는 상황이 온다면 통제하고, 아이들이 피해갈 수 있도록 도와야 한다. 다만 대부분의 경우 사람을 통제하는 것은 그런 범주에 들어 있지 않은 경우가 많기 때문이다.

아이는 자신만의 선택과 자신만의 길이 있다. 아이를 통제해 원하는 대로 성장시키려다 보면 아이의 인생이 희생될 가능성이 크다. 조언은 하되 통제만 할 것이 아니라 아이가 자유롭게 성장할 수 있는 공간을 주고, 자신의 인생을 스스로 알아서 선택할 수 있도록 허락해야 한다.

늘 똑같은 연애로
똑같은 좌절에 빠지는 이유

늘 비슷한 유형의 남자친구를 만나다

수강생 노월은 예쁘고 과감하며 솔직했다. 그녀는 자발적으로 손을 들어 자신의 문제를 해결해 달라고 요구했다. 그녀는 "결혼을 두 번 했는데 각각 3년밖에 유지하지 못했어요. 이후 지금의 남자친구를 알게 되었지요. 하지만 곧 헤어질 것 같아요."라고 말했다. 다른 수강생들은 무대에 올라 마이크를 잡으면 긴장이 풀어졌지만, 그녀는 두 손을 꼭 잡고 팔을 구부린 채 차분하게 생각하는 자세를 유지했다.

"첫 번째 결혼은 무슨 이유로 실패했나요?"

"제 성격이 강하다고 하더라고요. 두 번째 결혼도 같은 이유였어요. 하지만 저는 그렇게 강하지 않고, 그들에게 강하게 대하지도 않았어요!"

"왜 당신은 스스로 강하지 않다고 생각하나요?"

나는 그녀가 솔직하고 직설적으로 말하고 있다고 생각하며 그녀를 더 깊은 심리적인 차원으로 데려가 더 진실한 자신을 보게 하려고 노력했다.

"전 정말 때리거나 욕하지 않았어요. 다만 남자들이 왜 마지막에는 저에게 돈만 요구하는 사람으로 변하는지 이해가 되지 않아요."

"그래도 강하지 않다고 생각하나요? 당신은 그들을 모두 부양했는걸요."라고 나는 농담 반 진담 반으로 말했다.

"세 번째 남자친구와는 일하면서 만났어요. 무슨 이유에서인지 모르지만, 우리는 일하는 동안 서로 부딪혔고 일상생활에서도 잘 맞지 않았어요. 그가 돈을 못 벌어서 제가 그 사람에게 몇천만 원을 보내 주었어요. 아마 미안해서인지 저에게 헤어지자고 했어요."

"어쨌든 남자친구들은 비교적 당신에게 쉽게 의지하는군요?"

나는 그녀가 강하다거나 통제한다는 말을 싫어한다는 걸 알고 표현을 바꿔 물어봤다.

"맞아요."

"과거 두 번의 결혼과 지금의 연애를 돌아보면 같은 패턴으로 끝나네요. 당신은 어떻게 느끼나요?"

"이별이 고통스럽다고 생각해요. 이런 고통을 반복하고 싶지 않아요. 이제 사랑을 믿지 못할 지경이에요."

그녀는 솔직하게 말했다. 모두가 그녀에 대해 강하다고 말하지만, 그녀는 자신이 강하다고 인정하지 않았다. 다만 그녀가 만난 세 남자 모두 '약해' 보였다. 사실 누가 강하고 누가 약한지는 중요하지 않다. 관건은 그녀가 만난 세 남자가 모두 같은 이유로 그녀를 떠났다는 점이다. 만약 그녀가 이 점을 알아차리지 못한다면, 다른 남자를 사귀어도 똑같은 상황이 반복되지 않을까? 나는 이 점을 그녀가 알아차리기를 바랐다.

"그동안 결혼 상대로 당신에게 의지하려는 남자들을 만났네요. 다른 분야에서도 비슷한가요? 어려서부터 어떤 사람과 어울렸나요?"

그녀가 자신의 패턴을 발견할 수 있도록 그녀의 시야를 넓히려고 시도했다.

"정말 그랬던 것 같아요. 어릴 때 엄마는 남자랑 싸우면 이겨야 한다고 말하곤 했어요."

"어머니의 결혼생활은 어땠나요?"

"제가 어렸을 때 아버지가 돌아가신 후 재혼하지 않고 사셨어요."

"그럼 어머니의 결혼생활을 알 수가 없겠네요."

"네…."

노월에게 남자친구와의 관계 패턴을 보여 주기 위해 버지니아 사티어의 조형물 방식을 사용해 현장에 있던 한 여인을 불러 의자에 앉힌 뒤 세 명의 남성을 남편과 남자친구로 출연시켰다. 무대에서는 그녀가 경험했던 두 번의 결혼과 최근의 감정을 조형물처럼 그려 보았다.

첫 번째 남편은 그녀의 비난에 말대꾸를 하며 전혀 개의치 않는 모습으로 무대 위를 왔다 갔다 하다가 돌아서서 떠났다. 두 번째 남편은 그녀의 비난에 초이성적으로 대응하며 매사에 그녀에게 이치를 따졌다. 그러다 결국 참지 못하고 떠났다. 세 번째 남자친구가 등장했는데 그녀의 표현에 의하면 이 남자는 그녀만큼 강했다. 그래서 나는 그 남성에게 손가락질을 부탁했는데 마치 "너보다 강해질 거야. 나는 너보다 더 강해져야 해."라고 말하는 것 같았다. 하지만 결국 그녀만큼 강하지 않아서 떠나고 말았다.

사랑하는 사이엔 이기고 지는 것이 없다

이 광경을 보고 노월은 생각에 잠겼다. 나는 그녀를 배역을 맡은 '나 자신'과 대화하도록 설정했다. 그녀는 과거의 '자신'에게 말하기 시작했다.

"노월아, 너는 어렸을 때부터 아버지가 없었고 엄마도 너한테 못해 줬지. 그래서 네가 강해야 했고, 스스로 독립해야 했고, 돈을 많이 벌어야 안전감도 있을 거라 생각했고⋯."

방금까지만 해도 다른 사람의 연기를 보며 가끔 웃음도 짓던 그녀가 흐느끼기 시작했다.

"어렸을 때부터 아버지가 없었으니까 쉽지 않았을 거라고 생각해요. 그래서 이렇게 씩씩하게 자랐을 거고요. 하지만 당신은 알아야 해요. 그것은 단지 당신의 어린 시절일 뿐이에요. 당신은 이제 어른이에요. 더 이상 과거에 얽매일 필요가 없습니다. 당신은 파트너가 있습니다. 그는 당신을 위해 많은 스트레스를 분담할 수 있습니다. 그는 당신의 애인이에요. 사랑하는 사이에는 승패 따위는 없어요. 그러니 매번 이기려 하지 말고 우열을 가리려 하지 말아요. 만약 남자가 당신 곁에서 좌절감을 느낄 수밖에 없다면 그는 당신을 떠날 거예요. 당신 스스로는 매우 무력하고 절망적이면서 왜 사랑하는 사람 앞에서는 그를 강하게 통제하려 하나요? 사랑하는 사람 앞에서 약한 모습을 제대로 표현하지 못하는데 누구 앞에서 드러낼 수 있겠어요?"

내면의 진정한 나를 들여다보라

노월의 경험은 현장에 있던 많은 여성에게 공감을 불러일으켰다. 사람들은 모두 친밀한 관계에서 사랑과 지지를 얻기를 원하지만, 여러 가지 이유로 인해 상대방을 멀리 밀어내기도 한다. 마치 아무도 들어갈 수 없고 자신도 나갈 수 없는 외딴 섬에 온 것 같다.

자신에게 질문하는 것은 사실 자신을 자각하는 시작점이기도 하다. 성인이 된 노월은 가질 수 있는 모든 것을 가졌기에 누구와도 승패를 겨룰 필요가 없었지만, 그녀의 행동 패턴은 여전히 변하지 않았다. '질 수 없고, 반드시 이겨야 하며, 그렇지 않으면 가치가 없다'는 신념은 그녀를 강하게 옭아맸고 그로 인해 자신을 사랑하는 사람들을 손수 밀어내고 있었다. 하지만 그녀의 강함은 가면과 같아서 자신을 궁지로 몰아넣었다.

친밀한 관계에서 강해 보이는 사람들은 평등과 사랑이 결핍되어 있고 비교와 승부욕으로 가득 차 있을 수 있다. 그들은 모든 것을 이기고 지는 것으로 재단하기 때문에 그들과 함께 어울릴 때면 늘 칼날을 뽑은 것처럼 긴장과 스트레스가 가득하다. 그러나 이 세상은 남자들만의 것이 아니다. 여자들만의 것도 아니다. 다른 반쪽의 도움과 분담 없이는 혼자서 멀리 갈 수 없다.

이런 패턴을 만드는 대부분의 원인은 어렸을 때 부모와 자녀의 관계에서 비롯된다. 부모가 항상 승패의 관점으로 아이의 행동을 판단하면 아이에게도 이기는 것으로 모든 것을 논하는 사고방식이 만들어지기 쉽다. '나는 질 수 없다'는 이 씨앗은 아이의 잠재의식 안에서 싹틀 것이다. 그렇게 자라난 열매는 그가 물질적 부나 사회적 지위를 얻었을지는 몰라도 가장 중요한 관계를 잃어버리는 결과를 만든다.

누구나 관계 안에서 사랑과 지지를 바란다

'질 수 없다'는 신념을 지켜 갈수록 한 사람의 자아 가치는 점점 낮아진다. 실패할 때마다 그의 마음이 약해지기 때문이다. 그는 자신이 졌다는 사실을 받아들이지 못한다. 즉, 단점을 받아들일 수 없기 때문에 늘 긴장 상태로 지내며 약한 모습을 보이지 않으려 필사적이다. 그것이 계속되면 손에 쥐었던 행복은 모래처럼 빠져나가고 점점 더 많이 새어나가서 하나도 남지 않게 될 수 있다.

　자신의 약함을 과감히 드러내고, 자신이 의지해야 할 사람을 과감하게 인정하는 것이 진정한 강함이다. 그렇게 할 때야 무력감, 절망감, 무가치함이라는 바이러스적 신념에서 멀어지기 때문이다.

　세상에 완벽한 사람은 없다. 완전무결한 사람은 있을 수 없다. 강함과 약함이 함께 존재하는 사람이야말로 완전한 사람이다. 스스로 해결할 수 없는 고난을 마주했거나 할 수 없는 일을 만났을 때 남에게 도움을 구하는 것은 지극히 당연한 일이며, 이를 자책하거나 수치스럽게 생각할 필요는 없다.

　마찬가지로 인간은 관계 속에서 사랑을 얻고, 지지를 받으며, 쉼을 누려야 한다. 행복하고 아름다운 감정을 얻기 위해 자신이 가장 사랑하는 것과 승패를 겨룰 필요는 없다. 사랑하는 사람을 잃으면 설사 전 세계를 얻는다 한들 무슨 의미가 있겠는가?

어긋난 관계 패턴이
우울한 결혼생활을 만든다

다른 사람은 쉽게 보지만 자기 자신을 제대로 보기는 어렵다

응용심리학 분야에서 10년 넘게 일하면서 나는 늘 임상자와 함께 인생의 고통을 살펴보았다. 그리고 그들 대부분이 겪는 인생의 고통은 가족의 파탄에서 비롯된다는 것을 깨달았다. 점점 높아지는 이혼율 앞에서 나는 무의식적으로 피해를 보는 애꿎은 아이들을 생각하게 되었고 그들을 위해 뭔가를 하고 싶었다.

당연히 이혼하는 데는 천만 가지 이유가 있다. 왜냐하면 모든 사람은 자신이 옳다는 것을 증명하고 싶어 하기 때문이다. 다만 결혼이 잘못됐을 경우 자녀가 온전히 고통을 겪어야 한다.

딸을 데리고 베이징으로 놀러 가 사합원에서 묵은 적이 있었다. 그곳은 비교적 아늑하고 조용했는데 사람들 대부분은 중국 문화에 관심이 있는 외국인들이었다. 어느 날 오후, 어른들이 모두 점심시간을 보내고 있었고, 몇몇 아이들은 마당에서 장난치며 소란을 피웠다.

잠시 후 한 엄마가 아이들에게 다가가 "시끄럽게 하지 마! 조용히 해! 이렇게 떠들다가는 외국인 친구들의 휴식을 방해할 수 있어."라고 큰 소리로 말했다. 그녀의 말에 투숙객들이 모두 잠에서 깼다. 사실 가장 크게 떠든 것은 바로 그녀 자신인데, 그녀는 그 점을 의식하지 못하는 것 같았다.

우리는 다른 사람은 쉽게 보지만 정작 자기 자신은 제대로 보지 못할 때가 많다. 어떤 한 사람이 고양이 한 마리와 물고기 두 마리를 키우고 있었다. 어느 날 고양이에게 먹이를 주는 것을 잊고 집을 나섰는데, 저녁에 집에 돌아와 보니 고양이가 물고기 두 마리를 다 잡아먹었다. 그는 화가 나서 고양이를 호되게 혼냈다. 일의 전후를 들은 이웃은 그에게 만약 외출하기 전에 고양이에게 먹이를 줬다면 고양이는 배가 고프지 않았을 테고 물고기도 잡아먹지 않았을 거라고 말했다. 만약 고양이와 물고기를 한 방에서 키우지 않았다면, 같은 방에서 키웠더라도 어항 위에 덮개를 달았더라면 비극은 없었을 것이라고 덧붙였다.

고양이가 물고기를 잡아먹은 것은 과연 누구의 책임인가? 다른 예를 하나 더 들어보자.

부부가 나에게 밥을 사 주면서 그들의 부부 갈등을 조정해 달라고 했다. 여자는 남편과 함께 살 수 없다고 했다. 그 이유를 물었더니 그녀는 남편이 재미도 없고 활력도 전혀 없는 사람이라는 것이다. 나는 그녀에게 과거에 왜 그와 결혼하기로 마음먹었는지 물었다. 그녀는 남편이 원래 햇살처럼 아름다웠지만, 어떻게 이렇게 변했는지 도무지 모르겠고 그와 어떻게 다시 살아야 할지 모르겠다고 했다.

억울해하는 남편의 눈빛을 보며 나는 정말 무슨 말을 해야 할지 난처했다. 아내는 남편이 식사하는 동안 내내 오늘 온 식당을 잘못 선정했고, 주문도 제대로 못 했으며, 이렇게 캐주얼한 옷을 입고 오지 말았어야 한다고 끊임없이 잔소리를 했다.

아무리 밝은 남자라도 그녀 앞에서는 우울해지지 않을까 하는 생각이 들었다. 한 사람은 끊임없이 질책하고, 한 사람은 침묵한다. 이것이 바로 이 부부의 관계 패턴이었다.

사업은 그나마 성공시키기가 쉬운 반면, 행복한 결혼생활은 왜 이다지 이루기가 어려울까? 이는 사업의 성공 여부는 모두 자기의 책임이지만, 결혼에 문제가 생기면 모두 상대방 탓을 하기 때문이다. 상대방이 곧장 깨닫길 바라며 지적하지만, 지적을 받을 때 상대방이 보는 것은 내가 아니라 나의 수다스러운 비난과 질책뿐이다.

상대방에게 해달라고 하기 전에 스스로 하자

연애부터 결혼하기까지는 서로에 대한 열정과 기대로 충만하다. 하지만 시간이 갈수록 점점 서로에 대한 애정이 식은 듯 느껴지는 것은 왜일까? 상대방을 이해하지 못해 사랑의 감정이 식는 것일까? 협력 관계도 마찬가지다. 협력 초기에는 서로가 찬탄하며 밤이 늦도록 대화한다. 그러나 한참을 함께하다 보면 상대에게 서운해져 갈등이 깊어진다.

그런데 왜 어떤 사람들은 결혼생활이 길어질수록 애정이 깊어지고 백년해로할 수 있을까? 이해관계로 시작한 협력 관계에서 어떻게 이성 친구로 발전할 수 있을까? 금실 좋은 결혼과 좋은 만남의 비결은 뭘까? 과연 찰떡궁합이란 게 있을까?

답은 '있다'이다. 할 수만 있다면 사랑도 결혼도 협력 관계도 나만의 '찰떡궁합'을 만들 수 있다. 옛날 현인은 자신이 원하지 않는 것을 남에게 강요하지 말라고 말했다. 남에게 시키려 하는 일은 먼저 자신이 해도 부담스럽지 않아야 한다. 내가 하지 못하는 일은 남에게 강요하지 말아야 한다. 이것이 바로 비결이다.

대부분의 사람이 관계가 파탄 난 책임을 상대방에게 돌린다. 상대방이 저지른 잘못을 지적할 때 자신도 똑같은 실수를 한 건 아닌지 알지 못한다. 사합원에서 아이가 시끄럽다고 나무라는 그 엄마가 정작 자신이 시끄럽게 하고 있었듯이 말이다.

이런 패턴은 생활 속에서 쉽게 볼 수 있다. 우리는 이런 식으로 추측할 수 있다.

-누군가에게 끊임없이 포용하라고 요구하는 당신은 다른 사람을 포용하고 있는가.

-다른 사람을 예의가 없다고 비평하는 당신은 예의가 있는가.

-통제한다고 불평하는 당신이 혹시 더 강하게 통제하고 있지는 않은가.

-비판하지 말라고 끊임없이 교육하는 것 자체가 비판 아닌가.

-집착하지 말라고 집착하는 것도 집착이 아닌가.

우리는 또한 하나를 보면 열을 알 수 있고, 자신을 돌아볼 수 있다.

-배우자가 당신을 사랑하지 않는다고 비난할 때 당신은 정말 그를 사랑
 하는가.

-배우자가 포용력이 부족하다고 불평할 때, 당신은 포용하고 있는가.

-배우자의 결점을 공격할 때 이것이 결점이 아닐 수도 있지 않은가.

-배우자가 긍정적이지 못하다고 지적할 때 당신은 긍정적이었는가.

-배우자의 마음이 너무 좁다고 불평할 때, 당신의 마음은 얼마나 넓은가.

-배우자가 따뜻하지 않다고 생각될 때, 당신은 얼마나 따뜻한가.

상대방은 바로 나의 거울이다. 내 몸에 있지만 인정하고 싶지 않은 단점을 비춰 준다. 좋은 관계를 유지하는 비결은 바로 상대를 보는 동시에 자신을 보는 것이다. 상대에게 해달라고 부탁하는 동시에 자신이 먼저 하는 것이다. 나도 하지 못하고 있는데 내가 무슨 자격으로 비평하고 상대방에게 요구할 수 있겠는가.

우리는 스스로를 더 잘 알기 위해서 비춰 봐야 한다. 만약 우리가 실패한 결혼에서 배우고 성장할 수 없다면 자신의 고유한 패턴을 변화시킬 수 없다. 그렇게 다시 선택한 결과는 또 다른 재앙일 수밖에 없다.

우리는 서서히 미워하는
상대를 닮아간다

말보다 그가 어떻게 행동하는지를 보라

　스승의 날에 위챗의 피드를 보면 온통 선생님에 대한 감사로 가득하다. 그런데 한 피드에서 선생님에 대한 깊은 미움으로 가득 찬 글을 보게 되었다. 그는 평생 좋은 선생님을 만난 적이 없었다고 했다. 자신이 만난 선생님은 모두 품행이 나쁘거나 잘 가르치지도 못했다는 것이다. 나는 선생님이 공격받아서 안타까웠던 게 아니라 그 사람 자신이 바로 증오했던 그런 사람이 됐음이 분명했기 때문에 안타까웠다.

　"당신을 미워했는데 성장하고 나니 당신과 똑같아졌다."

이런 현상을 대물림이라고 부른다. 시어머니에게 괴롭힘을 당했던 며느리가 자신이 시어머니가 되고 나서 며느리를 싫어한다든지, 폭력적인 아버지에 대한 미움이 뼈아프게 배어 있던 아들이 자라서 더 잔인해진다든지, 어머니의 연약함을 싫어하던 딸이 어머니보다 더 연약하게 자라난다든지 등이 그 예이다.

우리는 분명히 그 사람을 미워했는데, 결국에는 그와 같은 사람이 되어 버렸다. 왜 그렇게 되는 것일까? 매우 비논리적인 일들이 계속 이어진다. 실제 사례를 하나 살펴보자.

한 여자 수강생이 이렇게 하소연했다.

"단장님, 제 주변의 많은 친구가 제 성격이 너무 세서 사귀기 싫다고 하더라고요. 회사 동료들도 협력업체 사람들도 저와 잘 지내기가 어렵다며 저를 상대하기 싫어해요. 저는 분명히 기가 센 사람을 싫어하는데, 제가 어떻게 세단 말인가요? 제 성격이 센 것 같으세요?"

나는 그녀의 격앙된 목소리 탓에 나 또한 일말의 압력을 느꼈다. '당사자가 무슨 말을 해도 절대 믿지 말고 그가 어떻게 했는지를 보라'는 다이즈강 선생의 말을 떠올렸다. 그래서 실험을 통해 그 이유를 알아내고자 그녀를 무대 위로 초청했다.

위란이라는 그녀는 전문직에 어울리는 옷차림에 힘이 실려 있었고 눈빛은 날카로웠다. 그녀가 무대에 오르자 나는 강력한 에너지를 느낄 수 있었다. 그녀의 솔직함과 의지가 마음에 들어 그녀에게 현장에 있는 남자 수강생 중 강하다고 생각되는 한 사람을 골라 무대로 불러 달라고 했다. 그녀는 곧 키가 크고 용맹해 보이는 남자 수강생을 선택했다. 나는 그 남자 학생에게 강한 사람 역을 맡아 기세 면에서 그녀를 압도해 보라고 요구하였다. 애석하게도 이 남자 수강생은 그녀의 적수가 되지 못했다. 그가 꾸며낸 기세는 그녀 앞에서 약해져서 모든 대화가 그녀의 손에 장악되었다.

그래서 나는 다시 엄숙해 보이는 남자 수강생을 뽑아 연습을 다시 했다. 이번에 나는 그녀에게 아무 말도 하지 말아 달라고 했다. 그녀가 입만 열면 더 강해져서 상대방 위에 군림하기 때문이다. 나는 그녀에게 그저 상대방의 눈을 바라보며 어떤 느낌이 드는지 느껴 보라고 했다. 결국 남자 수강생이 말을 꺼내기도 전에 그녀의 눈시울은 붉어졌고, 두 손은 어쩔 줄 몰라 하며 안절부절못했다.

"위란, 왜 그래요? 지금 어떤 기분이 들어요?"

"긴장돼요…."

나는 천천히 그녀에게 다가가서 말했다.

"긴장해도 돼요. 자, 그럼 이 긴장을 느끼면서 그 긴장의 배후에 무엇이 있는지 살펴볼까요? 그의 눈을 보면서 느낀 점을 다시 생각해 보세요."

그녀의 눈시울이 붉어진 눈에서 곧 눈물이 쏟아져 나왔다.

"울어도 괜찮아요. 당신은 그에게서 누굴 보았나요?"

그녀는 가슴을 움켜쥐며 울면서 말했다.

"우리 아버지요."

"마주 앉은 사람을 아버지라고 생각하며 눈을 바라보세요. 긴장감과 다른 또 어떤 기분이 드나요?"

나는 그녀를 안내하여 혼자서는 감히 마주할 수 없는 내면의 어두운 곳에 함께 도달하였다.

"힘이 없어 보이고, 두렵고 무서워요…."라며 손으로 눈을 가렸다.

나는 그녀에게 자신의 감정을 용기 있게 말하라고 격려하며 물었다.

"왜 당신은 아버지에게서 그런 느낌을 받나요?"

"아버지는 아프고 성질이 나빠서 툭하면 엄마와 저를 때렸어요. 전 너무 무서웠어요…."

"그 두려움을 느꼈을 때, 당신의 마음은 어땠나요?"

"저는 엄마처럼 순종하고 싶지 않았어요. 엄마를 보호하고 싶은데 그렇지 못했어요. 그래서 저는 커서 절대 업신여김을 당하지 않고 더 강해져서 스스로를 지켜야겠다고 생각했어요."

그녀의 말에 갑자기 힘이 들어갔는데, 마치 생명을 구할 지푸라기라도 잡은 것 같았다.

"아침 식사로 무엇을 먹었나요?"

나는 갑자기 가벼운 어조로 그녀에게 물었다.

"어…, 딤섬이랑 달걀, 그리고 야채를 먹었어요."

그녀는 갑자기 이런 걸 왜 묻냐는 듯이 나를 바라보며 답했다. 그녀는 이미 어릴 적 상태에서 벗어난 것이 분명했다.

나는 그녀를 다른 자리로 데려와 방금 자신이 서 있던 곳을 바라보게 했다.

"방금 그곳에 위란이라는 어린 아가씨가 있었는데 자신을 보호하기 위해 더 강해지기로 결심했어요. 그래야 괴롭힘을 당하지 않을 수 있다고 생각한 것 같아요. 그녀가 그렇게 다짐하는 걸 봤나요?"라고 물었다.

"봤어요."라며 그녀는 멍하니 자신이 방금까지 서 있던 자리를 바라보았다. 마치 그쪽에 또 다른 자신이 있는 것처럼 말이다.

"그녀는 열심히 공부하고 일도 잘했어요. 그리고 모두 꽤 좋은 성과를 거뒀죠. 무슨 일이든 자신의 힘으로 해냈어요. 그녀는 어쩔 수 없이 이런 삶을 살았지만 다른 사람들은 그녀의 겉모습만

봐왔을 뿐 그 뒤에 무엇이 있었는지는 아무도 몰라요."라고 그녀가 말했다.

"저도 봤어요. 위란이 쉽지 않은 인생을 살아왔다는 걸 알아요. 그러나 그녀가 스스로 강해지려고 했던 본심은 남에게 업신여김을 당하지 않으려는 것이지 다른 사람을 업신여기기 위해서가 아니에요. 당신이 보기에 오늘날 그녀는 갈수록 그녀의 아버지를 닮아가는 것 같지 않나요? 다만 아직 손찌검하지 않았을 뿐이죠."

나는 그녀가 아까의 상황에서 한 발짝 벗어나서 자신을 다시 보게 하고 싶었다.

"저 스스로를 보호하고 싶었을 뿐이지, 아버지처럼 남을 다치게 하진 않았어요."

위란은 내가 한 말을 인정하지 않았다.

"어떤 이유에서든 당신의 행동은 다른 사람을 다치게 하진 않았지만 다른 사람을 불편하게 했어요. 친구와 동료는 당신이 너무 강해서 가까이하고 싶지 않다고 말하지 않았나요? 당신이 누군가와 어떻게 소통했는지는 당신이 어떤 반응을 얻었는지에 달려 있어요."

나는 그녀에게 더 많은 것을 보여 주고 싶었다.

"그때 아버지의 행동이 자기 보호 차원에서 나온 것이 아니라고 어떻게 장담할 수 있어요?"라고 물었다.

이후의 과정은 내가 일일이 서술하지 않겠다. 그녀는 자신이 강한 사람을 싫어하는 이유는 그들의 모습에서 아빠를 봤기 때문이라는 것을 깨닫기 시작했다. 그리고 자신을 지키기 위해 자신이 미워했던 아빠와 똑같은 존재가 되었다는 것을 깨달았다.

응어리진 마음을 내려놓아야 비로소 자유로워질 수 있다

서양 의학은 질병에 대항하는 방법을 써서 질병을 치료한다. 예를 들어 감기에 걸렸을 때 항생제를 투여해 세균을 죽인다. 하지만 박테리아는 내성이 생겨 점점 더 강해진다. 따라서 항생제도 점점 독한 것을 쓸 수밖에 없고 세균과 약물이 함께 업그레이드되는 현상이 일어난다.

우리의 생각도 이와 같다. 누군가가 미울 때 본능적으로 맞서려고 한다. 그 사람이 한 것처럼 그 사람에게 돌려주는 것이다. 그러다 보니 그와 같은 사람이 된다. 배우자가 나를 사랑하지 않으니 그를 미워하고 그에게 대항하기 위해 그를 사랑하지 않게 되고, 어느 순간 자신도 모르게 미워했던 그런 사람이 되어 버린다.

256

이런 싸움은 끝이 없는 것일까? 중국 의학의 치료 이념을 참고할 수 있을 것이다. 중의학은 세균과의 투쟁을 주장하지 않고, 근본을 강하게 하고 정신을 기르는 것을 강조한다. 한 사람의 몸이 건강하고 정신이 온전하며 생명력이 왕성할 때, 그는 자연히 어떤 독에도 감염되지 않을 수 있다. 그렇다면 세균과 대항할 필요가 있을까?

인생에서 가장 슬픈 일은 바로 한 사람을 미워하다가 결국에는 자신이 미워했던 그런 사람이 되는 것이다. 한 사람을 미워하는 데 신경을 쓸 바에는 중의학의 가르침처럼 근본을 튼튼히 하여 자신을 더욱 건강하고 강력하게 변화시켜 보자. 그러면 일찍이 자신을 해친 적이 있는 세균들이 더 이상 활동하지 못할 것이다.

우리는 억울한 일을 당하면 복수하고 싶은 생각이 들 때가 있다. 나는 결코 복수하는 것을 반대하지 않는다. 그러나 증오하는 마음으로 복수하라는 것은 아니다. 그렇게 하면 한도 풀지 못하고 오히려 자기 자신에게 상처를 주게 된다. 이는 좋은 복수가 아니다. 나는 단지 더 나은 방식을 선택하길 바랄 뿐이다.

인생은 누구도 아닌 자신의 것이다. 원한을 내려놓아야 자신을 구할 수 있다. 원한을 내려놓아야 우리의 인생이 하늘처럼 넓어지고 매일 즐겁게 살 수 있다. 이보다 더 좋은 방식이 있을까?

내가 사는 세상에
'외딴 섬'은 없다

우리는 서로 영향을 주고받는다

내가 맡은 상담 사례 중 결혼생활에 대한 어려움이 큰 비중을 차지한다. 얼마 전에도 나는 결혼생활과 관련해 상담한 적이 있다.

그녀는 40대 후반의 여성으로 결혼생활이 개선되길 희망하고 있었다. 그녀는 20여 분간 남편의 이런저런 문제점들을 늘어놓았다. 분노와 슬픔, 억울함이 그녀의 어조에서 묻어났고, 원통하고 서러운 대목에서는 흐느끼기도 했다. 분명히 이 결혼으로 인해 그녀는 매우 고통스러워하고 있었다.

나는 끈기 있게 듣고 나서 그녀에게 조용히 물었다.

"이렇게 말씀하시는 걸 들어보니, 남편분이 정말 형편없네요. 궁금한 게 있는데, 왜 당신은 지금의 남편과 결혼했나요?"

"그 당시에 그는 그렇지 않았어요."

"당신과 결혼하고 나서부터 그는 천천히 이렇게 변했다는 거죠, 그렇죠?"

"그래요."

그녀의 대답은 확신에 차 있었다.

"어떻게 몇 년 동안 좋은 남자를 이렇게 만들었나요?"

내가 이렇게 묻자 그녀는 순간 멍해지더니 "분명 남편이 스스로 그렇게 변한 거예요. 그게 저와 무슨 상관이 있나요?"라고 즉시 반박했다.

나는 그녀의 반응에 아랑곳하지 않고 "당신이 그를 처음 알았을 때 그는 괜찮은 남자였죠?"라는 질문을 담담히 반복했다.

"맞아요." 그녀의 목소리에는 당황한 기색이 역력했다.

"당신과 결혼한 뒤에 그는 천천히 지금의 모습으로 변했죠, 그렇죠?"

그녀는 눈썹을 찡그리며 잠시 생각하다가 그렇다고 말했다. 그녀의 목소리가 조금 떨렸다.

"그럼 당신은 어떻게 그를 지금의 모습으로 만들었어요?"라고 다시 물었다. 그녀는 오랫동안 생각에 잠겨 한마디도 하지 않았다.

이것은 내게 매우 익숙한 패턴이다. 나는 일정한 간격으로 결혼생활에서 상처를 받은 남편이나 아내와 비슷한 대화를 반복한다.

내가 이렇게 묻는 것은 결혼으로 상처받은 아내들(또는 남편들)이 결혼생활의 책임을 상대방에게 돌리기 때문이다. 이런 그들의 모습을 보니 또 다른 사례가 떠올랐다.

그 남자 수강생은 두 번 결혼했다. 아이가 좋은 가정환경에서 자랄 수 있도록 그는 전처와 지금의 부인을 차례로 우리 강의에 들여보냈다.

전처의 눈에 비친 남편은 일에 모든 힘을 쏟아부었고 성격이 괴팍해서 화가 날 때면 사람을 때렸기 때문에 '쓰레기 같은 사람'이었다. 그녀는 어쩔 수 없이 그와 이혼할 수밖에 없었다.

"집에서는 아무 일도 안 해요. 회사에서 사장 노릇을 하고, 집에서도 사장 노릇을 해요. 나는 그의 아내가 아니라 그저 고용인으로 여겨질 뿐이에요. 그와 결혼한 것을 후회해요."

그러나 이 '쓰레기 같은 인간'은 지금의 부인 눈에는 다른 모습으로 보인다.

"저는 운이 좋아요. 왜냐하면 일에 대해서든 결혼에 대해서든 책임질 수 있는 남자를 만났기 때문이죠. 그는 우리가 더 잘 살 수 있도록 노력해요."

이 아내는 남편 얘기를 할 때마다 늘 정이 넘쳤다.

나는 궁금해서 무엇이 이 남자의 진짜 모습인지 그에게 증명해 달라고 했다. 그는 "그녀들 말이 모두 맞아요. 전처는 옛날의 나를, 부인은 지금의 나를 말했는데 제가 바뀐 것은 심리학을 공부했기 때문이에요."라며 난감한 표정을 지었다.

심리학이 한 사람을 변화시킨다는 것은 물론 알고 있지만, 그가 변한 것은 심리학 때문만은 아니며, 그와 살았던, 그리고 현재 함께 사는 전혀 다른 두 여자가 더 큰 이유라고 믿는다.

왜 한 남자가 서로 다른 두 여자와 지낼 때 두 가지 모습을 보일까? 시인 존 던은 '외딴 섬은 없다'며 사람은 반드시 주변의 영향을 받고 주변 사람에게도 영향을 준다고 말한다. 영향을 미치는 요소는 물론 많지만, 언어는 그중에서 가장 무시할 수 없는 요소 중 하나이다.

언어가 어떻게 우리에게 영향을 주는가? 함께 실험해 보자.

"이제, 흰 고양이를 생각하지 말아라. 꼬리를 길게 늘어뜨린 채 물고기를 훔쳐 먹고 있는 흰 고양이를 생각하지 말아라."

내가 이렇게 말했을 때, 우리의 머릿속에 떠오른 것은 무엇인가? 꼬리를 길게 늘어뜨린 채 물고기를 훔쳐 먹고 있는 흰 고양이가 아닌가?

말을 잘하는 사람은 상대방의 기분을 좋게 하고, 말을 못 하는 사람은 상대방을 절망에 다다르게 만들 수 있다. 이는 언어가 우리 신경의 일부에 반응을 일으킬 수 있기 때문이다. 믿을 수 없다면 아래의 장면을 보자.

한 아내가 남편에게 "당신 또 그 여자 생각하죠?"라고 말했다.

남편이 생각하던 것은 원래 여자와 아무 상관이 없었는데 아내가 이렇게 묻자 머릿속에서 어떤 여성을 찾아 나서게 된다.

한 엄마가 아이에게 "학교에서 괴롭히는 사람은 없어?"라고 말했다.

아이의 학교생활은 원래 매우 즐거웠는데, 엄마의 질문에 대답하기 위해서 그 아이는 '오늘 누가 나를 괴롭혔을까?' 하는 생각을 어쩔 수 없이 하게 된다. 그리고 잊고 지냈던 어떤 불미스러운 사건을 떠올리게 된다.

사장이 직원들에게 "요즘 무슨 어려움이라도 있나요?"라고 물었다.

원래는 자신만만하던 직원이 사장의 이러한 물음에 미간을 찌푸리고는 바로 일의 어려움을 생각하게 된다. 의욕이 가득했던 모습은 조용히 자취를 감추었다.

"남의 약점만을 들추어 난처하게 한다."라는 말이 있다. 아무도 흰 고양이를 거론하지 않을 때 우리는 흰 고양이를 먼저 생각하지는 않지만, '흰 고양이'라는 단어를 들으면 자신도 모르게 흰 고양이를 떠올리는 것이다.

누가 자꾸만 "날 때릴 수 있겠어? 한번 해 봐?"라고 반복해서 말하면 어느 날 정말 주먹을 휘둘러서 그 사람을 때릴지도 모른다.

그래서 모든 관계는 나에게 달려 있는 것이다.

말의 지향성과 프레임

말은 어떻게 한 사람의 신경에 영향을 줄까? 이것은 상당히 복잡한 시스템이다. 나는 말의 '지향성'과 '프레임', 이 두 가지를 다시 이야기하고자 한다.

말의 '지향성'이란 속칭 '남의 약점만을 들추어 난처하게 하는 것'으로, 굳이 말하지 않으면 남들은 생각하지 못하지만, 일단 말을 꺼내면 사람들의 신경이 자신도 모르게 우리가 말한 그 일에 초점을 맞춘다.

앞서 언급한 네 가지 장면이 좋은 예다. 왜 그렇게 될까? 왜냐하면 말의 지향성에는 인간의 잠재의식이 부정어를 처리할 수 없다는 작은 비밀이 있기 때문이다. 예를 들어 "흰 고양이는 생각하지 마라."는 말에서 나는 고양이를 생각하지 말라고 했음에도 우리의 두뇌는 부정어인 '하지 마라'를 처리하지 못하기 때문에 뇌에선 즉시 흰 고양이의 이미지가 떠오르는 것이다.

이 점을 모르면 사람들은 호의를 갖고도 나쁜 짓을 하게 된다. 예를 들어 시험 전에 많은 부모가 관심을 가지고 아이에게 "얘야, 오늘 긴장하지 말아라."라고 일깨워 준다. 그런데 '긴장하지 말라'는 말이 즉시 아이의 긴장을 촉발시킨다.

그럼 어떻게 말해야 할까? 말의 긍정적인 의미에 집중해야 한다. 예를 들어 시험을 앞둔 아이에게는 "얘야, 마음 편히 먹으렴, 난 널 믿어."라며 아이의 주의력을 '가볍게' 만드는 것이다.

이것은 현대인이 발견한 방법은 아니다. 일찍이 사서 중 하나인 『대학』에서 논한 적이 있다. 『대학』은 '대학의 길은 명명덕에 있다'고 시작한다. '명명덕'이라는 세 글자는 특히 인상적이다. 첫 번째 명明은 동사, 두 번째 명明은 형용사고, 명덕明德은 그 자신이 천성적으로 가진 좋은 덕목이다. 이 문장은 교육의 근본은 한 사람이 본래 갖고 있는 아름다운 덕목을 발견하고 끌어올리는 것이라는 의미다.

어떻게 이 점을 실현할 수 있을까? 명나라 심리학의 원조인

왕양명은 치양지致良知라는 방법을 깨달았다. 그는 우리 모두의 내면에 좋은 지식이 있는데 그것을 일깨우지 않으면 몸 안에서 잠들어 있다고 했다. 내면의 지식은 마치 졸고 있는 사람처럼 누군가가 깨우길 기다리고 있다.

"되돌아보면 언제가 가장 좋으세요?" 누군가 이 질문을 받으면 비록 그의 눈에는 눈물이 고여 있지만, 머릿속에는 가장 즐거웠던 순간을 생각하는 것이 바로 그것이다. 이것이 바로 언어의 마력이다. 언어를 잘 쓰면 '본래 가진 아름다운 덕목을 발견하고 끌어올릴' 수 있고 '좋은 지식을 깨우게' 된다. 그러나 말을 잘못 하는 사람은 갈등과 폭력을 일으킨다.

말의 '프레임'은 사실 범주이다. 우리의 말은 다른 사람의 사고 프레임을 어느 범주 안에 가두어서, 상대방이 단지 우리가 설정한 범주 안에서만 생각하도록 유도할 수 있다. 예를 들어, 광둥 지방의 식당에서 식사하면, 종업원은 먼저 우리에게 "무슨 차를 마시겠습니까?"라고 묻는다. 이때 우리의 뇌는 자기도 모르게 '차'라는 범주에 꽂혀서 철관음, 보이, 용정 등 다양한 종류의 차를 생각하게 된다. 이것은 종업원의 말이 차를 마신다는 범주를 만들었기 때문이다.

말의 지향성이 '점'이라면 프레임은 '면'이다. 우리는 점 말고도 말이 주는 면에 대해 생각해야 한다. 그러니 우리가 말에게 올바른 방향의 프레임과 범주를 만들면 상대방이 올바른 방향으로 반응한다는 것을 암시한다. 반대로 우리가 부정적인 프레임을 만들면 상대방이 부정적인 사고를 하도록 유도하게 된다.

예를 들어 남편에게 "또 어디 가서 빈둥거릴 작정이야?"라고 말했다고 하자. 남편은 본래 빈둥거릴 생각이 없었지만, 아내의 말은 오히려 남편에게 '빈둥댄다'는 범주를 설정한다. 그럼 남편이 선택할 수 있는 것은 '어디에서 빈둥댈 것인가'일 뿐이다. 만약 이 남편이 정말로 나가서 빈둥빈둥 논다면, 바로 이 우둔한 아내가 남편을 그렇게 만든 것은 아닐까?

세상을 녹이는 봄바람 같은 한마디

말의 지향성과 프레임을 알게 되면 앞에서 언급한 그 남자 수강생이 왜 전처에게는 '쓰레기 같은 사람'으로, 현 부인에게는 '좋은 사람'으로 비쳤는지 이해할 수 있을 것이다.

사람은 서로 영향을 주고받는데, 두 여성의 언어 패턴이 달랐기 때문에 남자의 표현도 다를 수밖에 없었다.

우리는 모두 무의식중에 다른 사람에게 자신을 어떻게 대해야 할지 가르친다. 어떤 사람은 남들에게 자신을 존중하는 법을 가르치며, 어떤 사람은 남들에게 자신을 사랑하는 법을 가르치고, 어떤 사람은 남들에게 자신을 다치게 하는 법을 가르친다.

좋은 말 한마디는 엄동설한의 추위도 따뜻하게 느끼게 해 주며, 악담으로 상처를 주면 8월의 더위도 춥게 느껴지게 한다. 만약 우리가 말의 지향성과 프레임의 두 가지 특징을 잘 활용한다면 우린 주변 사람들에게 봄바람과 같이 따뜻한 느낌을 줄 수 있고 우리 삶은 더욱 아름다워질 것이다. 몇 가지 예를 들어보자.

- **부부 관계**: 아내가 남편에게 "여보, 나한테 좀 더 잘해 줬으면 좋겠어요."라고 말한다. 이 말의 프레임은 남편은 아내에게 무조건 잘해야 한다는 것이고, 남편의 선택은 '어떻게 더 잘해 주면 좋을까'가 될 수밖에 없다.
- **부모 자식 간의 관계**: 아이가 도전에 직면했을 때 부모는 아이에게 "얘야, 어떻게 그 일을 처리하겠니?"라고 물어볼 수 있다. 이 말의 프레임은 아이가 이 일을 잘 처리하는 방법을 찾으면 그 안에서 해결책을 찾을 수 있다는 것을 암시한다.
- **직원들과의 관계**: 사장님이 직원에게 "어떻게 하면 일을 더 잘할 수

있을까?"라고 말한다. 이 말은 사장은 직원들이 일을 잘할 수 있다고 믿고, 직원들이 노력하면 '더 좋아진다'는 프레임이 있다.

모든 사람은 내면에 여러 가지 생각이 있다. 천사도 있고 악마도 있는데 둘 중 어느 것을 일깨울지는 주변 사람들이 어떤 말로 인도하느냐에 달려 있다. 우리는 모두 세상에 영향을 미칠 수 있다. 적어도 주변의 작은 세계엔 영향을 미칠 수 있다. 세상을 더 좋게 만들 것이냐, 나쁘게 만들 것이냐는 전적으로 자신의 선택에 달려 있다.

클린턴과 힐러리가 한 주유소에서 기름을 넣다가 이들을 도와준 직원이 힐러리의 전 남자친구라는 사실을 알게 되었다. 클린턴은 힐러리에게 '이 남자에게 시집을 갔으면 주유소 직원으로 살 뻔했다'고 의기양양하게 말했다. 힐러리는 정치인답게 '내가 그와 결혼했다면 오늘의 미국 대통령은 그였을 것'이라고 날카롭고 지혜롭게 답했다.

이 얘기는 근거 없는 얘기긴 하지만, 모든 관계는 나에게 달려 있다는 것을 수긍할 수밖에 없는 원리를 담고 있다. 그러니 다른 사람의 남편이나 아내를 부러워하지 마라. 좋은 짝은 모두 정성껏 키워지고 길들여 만들어지기 마련이다.

오늘부터 주변 사람들을 더 이상 원망하고 비난하지 않길 바란다. 그들이 오늘날의 모습이 된 데에는 반드시 나의 책임이 있다. 그 사람이 더 좋아지길 바란다면 공부를 시작해라. 매일 하는 말 한마디를 바꾸는 것에서부터 시작하라.

자기 마음의 움직임을 스스로 알아차리고 지켜본다면
마음의 끊임없는 출렁거림 속에서도
참으로 여일한 삶이 찾아옵니다.

법륜 스님

당신의 가치관이 당신의 운명이 될 겁니다.

마하트마 간디

습관은 처음에는 거미줄처럼 가볍지만 이내 쇠줄처럼 단단해진다.

탈무드